AF495202

DIDEROT

OBSERVATIONS

SUR

L'INSTRUCTION DE S. M. I. AUX DÉPUTÉS POUR LA CONFECTION DES LOIS

(1774)

Œuvre inédite publiée avec une Introduction

PAR

PAUL LEDIEU
ANCIEN ÉLÈVE DE L'ÉCOLE NORMALE SUPÉRIEURE
AGRÉGÉ DE L'UNIVERSITÉ

PARIS
LIBRAIRIE DES SCIENCES ÉCONOMIQUES ET SOCIALES
MARCEL RIVIÈRE
31, RUE JACOB ET 1, RUE SAINT-BENOIT

1921

UNE ŒUVRE INÉDITE DE DIDEROT

OBSERVATIONS

SUR L'INSTRUCTION DE S. M. I. AUX DÉPUTÉS POUR LA CONFECTION DES LOIS (1774).

Publiées avec une introduction et le texte de l'Instruction de CATHERINE, II, *par* Paul LEDIEU, *ancien élève de l'Ecole Normale supérieure, agrégé de l'Université.*

INTRODUCTION

I

Le travail que nous présentons ici se compose de deux parties différentes, mais étroitement liées.

La première, qui forme le texte imprimé en haut de chaque page, est la réédition de l'Instruction de Catherine II aux Députés pour la confection des lois. Cette instruction, très rare, n'a pas été reproduite depuis 1769 (1) : elle présente par elle-même un intérêt historique réel, puisqu'elle est le noble effort d'un esprit éminent pour policer un peuple primitif, effort d'ailleurs chimérique et vain, car ce peuple paraît se complaire aujourd'hui encore dans les formes élémentaires de la vie sociale. De plus, la publication de cette

(1) Instruction de Sa Majesté Impériale Catherine II pour la Commission chargée de dresser le projet d'un nouveau Code de lois. — Saint-Pétersbourg. Imprimerie de l'Académie des Sciences, 1769.

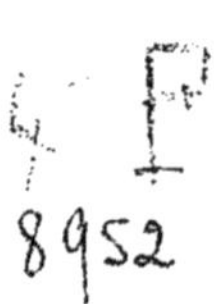
8952

instruction est nécessaire pour permettre de comprendre les observations qu'elle a suggérées à Diderot.

La seconde partie, composée du texte publié au bas de chaque page, est formée des observations de Diderot, qu'un heureux hasard nous a permis de découvrir. Le manuscrit est d'une écriture régulière. Il n'est pas de la main de Diderot. J'en ai respecté les moindres particularités, la ponctuation et l'orthographe. Il porte en titre sur une page de garde : *Observations sur l'Instruction de S. M. I. aux Députés pour la Confection des lois* (1774).

Nous verrons tout à l'heure les raisons de fait qui m'ont amené à la certitude que ce texte est de Diderot. De plus, je ne crois pas qu'il vienne à l'idée des familiers de la pensée de cet auteur de contester l'authenticité de cet ouvrage.

II

Quelle est donc l'origine de cette instruction de Catherine II ? Voici ce que nous apprend à ce sujet l'*Histoire générale* de Lavisse et Rambaud :

« Presque au début du règne de Catherine II, nous assistons à une curieuse tentative de consultation nationale. La tsarine réunit au Kremlin de Moscou 652 députés, représentant les corporations ou les provinces de l'empire : clergé, grands corps de l'État, nobles, villes, paysans libres, paysans de la couronne, miliciens, « armées » Kosakes, Zaporogues, provinces baltiques, peuplades païennes, etc... Les paysans, serfs des seigneurs et du clergé, n'étaient pas représentés, quoique les plus nombreux. Chaque député reçut une médaille à l'effigie de Catherine II avec cette légende : « Bonheur de chacun et de tous, 14 décembre 1766. » Les députés étaient inviolables pendant la durée de la session.

« ... Elle avait fait distribuer aux députés son Instruction pour la confection d'un nouveau Code, tissu de maximes empruntées à Montesquieu et à Beccaria, et où l'on trouvait, disait Panin, « des axiomes à renverser les murailles »... Catherine écrivait à d'Alembert : « Vous y verrez comme pour l'utilité de mon empire j'ai pillé le Président de Montesquieu, sans le nommer. J'espère que si, dans l'autre monde, il me voit travailler, il me pardonnera ce plagiat pour le bien de vingt millions d'hommes qui doit en résulter... Son livre est mon bréviaire. »

Il ne se tint pas moins de 203 séances, dont les dernières, à partir de février 1768, eurent lieu à Pétersbourg. Cela débuta par la lecture des cahiers (il y en eut 1.500, dont les deux tiers émanant des paysans).

« Les antagonismes des classes et les oppositions nationales se manifestèrent d'une façon parfois véhémente. Plus d'une fois, Catherine assista, d'une loge grillée, aux séances. Puis la crise polonaise et la guerre turque étant survenues, elle prorogea l'assemblée (décembre 1768). Celle-ci ne devait plus jamais être réunie.

« La tentative de Catherine a été diversement appréciée. Le résident anglais Shirley la traite de « simple plaisanterie ». Notre chargé d'affaires Rossignol y voit une « comédie » montée par les favoris de l'impératrice. Catherine paraît y avoir vu elle-même un moyen de s'instruire des besoins de ses peuples. Quelques-unes des réformes proposées par l'assemblée ont passé dans les oukases. Par malheur, ce ne sont pas les plus importantes (1). »

III

Je n'insisterai pas sur les relations de Diderot et de Catherine II, qui sont assez connues.

Catherine, « despote éclairée », — clairvoyance ou snobisme — se piquait volontiers de philosophie, d'art et de belles-lettres. Son voisin Frédéric devait son renom aussi bien à l'élite de savants et d'artistes, dont il avait rehaussé sa Cour, qu'à ses succès militaires. Catherine enviait sa gloire. Paris

(1) Lavisse et Rambaud, *Histoire générale*, t. XII, p. 437 sqq.

était la capitale incontestée des idées et du bon ton : toutes les théories généreuses et hardies étaient françaises, tout art élevé venait de France ; on connaissait partout les modes et le langage français, dont Rivarol a proclamé l'universalité.

Tout ce qui faisait quelque figure en Europe était venu à Paris et, prince ou particulier opulent, une fois rentré dans son pays, tentait d'y attirer quelques Français de renom, ou tout au moins ne manquait pas de s'abonner à une gazette de la grand'ville, j'entends d'obtenir de quelque grand esprit besogneux un feuilleton périodique des dernières nouvelles, des menus potins, des légers scandales et même des bonnes occasions du tout-Paris.

Grimm avait élevé sa « Correspondance littéraire » à la hauteur d'une industrie fort lucrative, et y employait ses amis. Catherine s'était montrée très bonne pour Diderot, que rendait célèbre alors la publication de l'*Encyclopédie*.

Le philosophe voulait, pour doter sa fille, vendre sa bibliothèque. Catherine la lui acheta et lui en laissa la jouissance jusqu'à sa mort. Un échange régulier de correspondances s'établit entre eux. Diderot achetait pour Catherine des œuvres d'art. C'est aussi lui qui lui envoya Falconet.

Enfin, sur les instances de Catherine, il se décida à faire le voyage de Saint-Pétersbourg. Il y fut admirablement reçu par l'Impératrice.

Il fut admis tout de suite dans la familiarité de Catherine et ne tarda pas à s'émanciper d'une étrange manière.

« L'impératrice en est enchantée, voilà l'essentiel, écrivait Grimm au Comte de Nesselrode. Au reste, il lui prend la main, il lui secoue le bras, il tape sur sa table, comme s'il était au milieu de la synagogue de la rue Royale (1). »

(1) Chez d'Holbach.

On a prétendu que Catherine avait dû faire placer une petite table entre eux, sans quoi, elle avait, au sortir de ces entretiens, « des bleus aux cuisses ».

Catherine entoura Diderot de prévenances et l'aurait comblé de présents, si le discret philosophe y avait consenti. Elle avait en haute estime son caractère, autant que son intelligence.

Parlant à Grimm (18 avril 1776) du comte de Laval, un de ses protégés, elle le disait être le seul Français qu'elle ait rencontré « reconnaissant des bons procédés qu'on a eus pour lui »; elle ajoutait aussitôt : « excepté cependant Diderot, qui, en toutes choses, est un autre homme que les autres ».

IV

Diderot s'était certainement proposé de mettre à profit ce qu'il avait appris de la Russie et de sa situation économique, témoin la lettre-questionnaire qu'il adressa au Comte de Munich (Diderot : *Œuvres complètes*, éd. Tourneux et Assézat, t. XIX). Les archives russes (1880, n° 3) ont reproduit un autre questionnaire, beaucoup plus détaillé, divisé par chapitres, adressé à l'Impératrice, qui tantôt répond, tantôt passe la plume à Munich, alors directeur des douanes. Diderot ne paraît pas avoir donné suite à ce projet d'enquête.

Il avait voulu résumer le souvenir de ses entretiens fréquents avec l'Impératrice pendant cinq mois dans une série de chapitres, qui, sans liens apparents, devaient provoquer les méditations de son interlocutrice après leur séparation.

M. A. Grimm, conservateur de la bibliothèque privée de l'Empereur, mit le manuscrit de ces « feuillets » entre les mains de M. Tourneux. Ces feuillets, dont Catherine n'a parlé nulle part, peuvent être comparés aux plus brillantes et aux plus hardies productions de Diderot. La lecture de la table des matières seule donne déjà une idée de la variété du contenu de ce volume que publie M. Tourneux dans son ouvrage sur Diderot et Catherine II.

Ces feuillets ne furent pas la seule élucubration de la verve de Diderot à propos de la Russie et le seul fruit de ses entretiens avec l'Impératrice. La correspondance du philosophe nous fournissait l'indication suivante : dans une lettre adressée à l'Impératrice et datée du 13 septembre 1774, il écrit : « J'ai relu l'instruction que vous avez adressée aux Commissaires assemblés pour la confection des lois, et j'ai eu l'insolence de la relire, la plume à la main. »

D'autre part, dans la *Nouvelle Revue* de septembre 1881, M. Maurice Tourneux écrit ce qui suit, en présentant le fragment des « Observations » qu'il a publié :

« Voici un mémoire absolument inconnu, retrouvé, non pas en Russie, mais à Paris même, par un bibliophile dont le savoir égale l'obligeance (1) et qui l'a extrait d'un lot de vieux papiers acheté, il y a quinze ans, à un revendeur. Le manuscrit est transcrit d'une écriture grossoyée et cursive, à peu près illisible en quelques endroits ; mais bien qu'il ne soit pas autographe, et quand même il ne porterait pas le titre reproduit ci-dessous, il suffit de le parcourir pour n'avoir aucun doute sur son incontestable originalité : c'est bien là Diderot vaticinant et légiférant. »

M. Tourneux publie ensuite ce mémoire intitulé : « Mémoire envoyé par Diderot à l'Impératrice de Russie, au retour de son voyage à Saint-Pétersbourg », et qui comprend le chapitre premier des *Observations* que nous publions et le chapitre II depuis : « *La Russie est une puissance européenne*... jusqu'à : *Je lui répondis : Si votre M. I. pouvait l'avoir d'un coup de baguette, je crois qu'il existerait demain.* »

---

(1) Le baron Pichon.

M. Tourneux, se référant au passage de la lettre de Diderot à Catherine que je citais tout à l'heure, n'a pu identifier le mémoire qu'il publie avec les « observations » auxquelles Diderot fait allusion. Il ajoute :

« Cette élucubration (les observations) fut peut-être jetée au feu, car son existence dans les manuscrits de l'Ermitage n'a été signalée par aucun chercheur. Elle méritait bien cependant de voir le jour. »

Or voici la trace très sûre de cet ouvrage, jointe à l'opinion qu'en avait l'Impératrice.

Lorsque la bibliothèque de Diderot arriva à Saint-Pétersbourg, vers la fin de 1785, Catherine y découvrit le manuscrit des *Observations sur l'Instruction de Sa Majesté Impériale pour la confection des lois.* Elle écrit à ce propos à Grimm, le 23 novembre 1785 :

« J'ai trouvé dans le catalogue de la bibliothèque de Diderot un cahier intitulé : *Observations sur l'Instruction de S. M. I. aux députés pour la confection des lois.* Cette pièce est un vrai babil, dans lequel on ne trouve ni connaissance des choses, ni prudence, ni clairvoyance ; si mon instruction avait été du goût de Diderot, elle aurait été propre à mettre les choses sens dessus dessous. Or je soutiens que mon instruction a été non seulement bonne, mais même excellente et bien appliquée aux circonstances, parce que, depuis dix-huit ans qu'elle existe, non seulement en aucun point elle n'a fait aucun mal, mais encore que tout le bien qui s'est fait, et dont tout le monde convient, est fait des principes établis par cette instruction. La critique est aisée, mais l'art est difficile ; voilà ce qu'on peut dire en lisant les observations du philosophe, qui, toute sa vie, à ce qu'il paraît, était d'une prudence à vivre sous tutelle ; il faut qu'il ait composé cela après son retour d'ici, car il ne m'en a jamais parlé. »

Cette opinion de Catherine n'a rien qui doive nous surprendre. Déjà au temps où Diderot était à sa Cour, elle ne lui avait pas caché son sentiment.

Selon le comte de Ségur, elle dit un jour à Diderot, à la fin d'un entretien animé :

« Monsieur Diderot, j'ai entendu avec le plus grand plaisir tout ce que votre brillant esprit vous a inspiré ; mais avec tous vos grands principes, que je comprends très bien, on ferait de bons livres et de mauvaise besogne. Vous oubliez, dans tous vos plans de réformes, la différence de nos deux positions : vous ne travaillez que sur le papier, qui souffre tout ; il est tout uni, simple et n'oppose d'obstacle, ni à votre imagination, ni à votre plume : tandis que moi, pauvre impératrice, je travaille sur la peau humaine, qui est bien autrement irritable et chatouilleuse.

« Dès lors, il ne fut plus question entre nous que de morale et de littérature. »

Et, d'autre part, notre philosophe s'en rend bien compte, tout ou moins feint de savoir, dit-il lui-même, mieux que personne, la distance qu'il y a entre « un pauvre diable qui s'avise de politiquer sous la gouttière et ce qui se passe dans la tête d'une souveraine. Rien n'est plus aisé que d'ordonner un empire, la tête sur son oreiller ».

Toutes ces raisons expliquent pourquoi ce manuscrit est resté jusqu'ici inconnu. Catherine n'en tint pas compte. Diderot et ceux qui, immédiatement après lui, s'occupèrent d'éditer ses œuvres, ou ne jugèrent pas cet écrit digne d'être imprimé, ou n'osèrent lui faire voir le jour. Ceux qui, dans la suite, eurent le manuscrit en leur possession, en empêchèrent la divulgation avec un soin jaloux, à cause de la hardiesse de certaines idées.

Seigneur, mon Dieu ! sois attentif à ma voix, et accorde-moi l'intelligence pour juger ton peuple selon ta sainte Loi et en toute vérité.

INSTRUCTION

POUR LA COMMISSION CHARGÉE DE DRESSER LE PROJET D'UN NOUVEAU CODE DE LOIX.

I. — La religion chrétienne nous enseigne de nous faire les uns aux autres tout le bien que nous pouvons.

OBSERVATIONS

SUR

L'INSTRUCTION DE L'IMPÉRATRICE DE RUSSIE AUX DÉPUTÉS POUR LA CONFECTION DES LOIX (1774).

CHAPITRE PREMIER

ARTICLE PREMIER

Il n'y a point de vrai Souverain que la Nation; il ne peut y avoir de vrai Législateur que le Peuple; il est rare qu'un peuple se soumette sincèrement à des Loix qu'on lui impose, il les aimera, il les respectera, il y obéira, il les défendra comme son propre ouvrage, s'il en est lui-même l'auteur. Ce ne sont plus les volontés arbitraires d'un seul, ce sont celles d'un nombre d'hommes qui ont consulté entre eux sur leur bonheur et leur sécurité; elles sont vaines, si elles ne commandent pas également à tous ; elles sont vaines s'il y a un seul membre dans la société qui puisse les enfreindre impunément. Le premier point d'un code doit donc m'instruire des précautions que l'on a prises pour assurer aux Loix leur autorité.

La première Ligne d'un code bien fait doit lier le Souverain ; il doit commencer ainsi : « Nous Peuple, et nous Souverain de ce « Peuple, jurons conjointement ces Loix par lesquelles nous serons « également jugés ; et s'il nous arrivoit à nous Souverain de les « changer ou de les enfreindre, Ennemi de notre peuple, il est juste « qu'il soit Le nôtre, qu'il soit délié du Serment de fidélité, qu'il « nous poursuive, qu'il nous dépose et même qu'il nous con- « damne à mort si le cas l'exige, et c'est là la première Loi de

2. — En considérant ce précepte comme une maxime déjà gravée, ou du moins qui se gravera dans le cœur de toute la nation, nous ne saurions en conclure autre chose, sinon que le vœu de tout bon citoyen est, ou sera, de voir sa Patrie, en général, au plus haut degré possible de prospérité, de gloire, de félicité et de tranquillité.

« notre Code. Malheur au Souverain qui méprisera la Loi, malheur « au peuple qui souffrira le mépris de la Loi. »

Et comme L'autorité du Souverain est la seule redoutable pour la Loi, il faut qu'à chaque Loi ce serment soit fait par le peuple et par le Souverain, et que sur L'original écrit et sur les copies publiques il soit pris acte que ce serment a été fait. Tout Souverain qui se refuse à ce serment se déclare d'avance despote et Tyran.

La seconde Loi, c'est que les représentans de la nation se rassembleront tous les cinq ans pour juger si le souverain s'est exactement conformé à une Loi qu'il a jurée, statuer sur la peine qu'il mérite, s'il en a été infracteur: le continuer ou le déposer et jurer de rechef ces Loix, serment dont il sera pris acte.

Peuples, si vous avez toute autorité sur vos Souverains, faites un code : si votre Souverain a toute autorité sur vous, laissez là votre code ; vous ne forgeriez des Chaînes que pour vous.

Art. 2

Après ce préliminaire, le second point dont le code doit m'offrir la décision, c'est quelle est la sorte de Gouvernement dont la nation a fait choix.

L'Impératrice de Russie est certainement Despote. Son intention est-elle de garder le despotisme et de le transmettre à ses successeurs ou de l'abdiquer ? Si elle garde pour elle et pour ses successeurs le despotisme, qu'elle fasse son code comme il Lui plaira, elle n'a que faire de L'aveu de sa nation. Si elle l'abdique, que cette abdication soit formelle; si cette abdication est sincère, qu'elle s'occupe conjointement avec sa nation des moyens les plus sûrs d'empêcher Le despotisme de renaître, et qu'on Lise dans le premier chapitre La perte infaillible de celui qui ambitionneroit l'avenir. L'autorité arbitraire dont elle se dépouille, voilà les premiers pas d'une instruction proposée à des peuples par une Souveraine de bonne foi, grande comme Catherine 2me et aussi Ennemie de la Tyrannie qu'elle.

Si en lisant ce que je viens d'écrire et en écoutant sa conscience, son cœur tressaillit de joie, elle ne veut plus d'esclaves ; si elle frémit, si son sang se retire, si elle pâlit, elle s'est crue meilleure qu'elle n'étoit.

3. — Comme aussi de voir chacun de ses Concitoyens, en particulier, protégé par les Loix qui, sans restreindre son bien-être, le mettent à l'abri de toute entreprise qui porterait atteinte à cette maxime.

4. — Pour voir ce vœu, que Nous espérons être le vœu général, s'accomplir d'autant plus promptement, il faudra qu'en partant de la maxime ci-dessus

---

Art. 3

C'est une question à discuter, s'il faut mettre les institutions politiques sous la sanction de la Religion, je n'aime point à faire entrer dans les actes de souveraineté des gens qui prêchent un être supérieur au souverain et qui font dire à cet être tout ce qu'il leur plaît. Je n'aime point à faire une chose de fanatisme, d'une chose de raison. Je n'aime point à faire une chose de foi d'une chose de conviction. Je n'aime point à donner du poids et de la considération à ceux qui parlent au nom du tout-puissant. La religion est un appui qui finit toujours par renverser la maison.

La distance entre L'autel et le trône ne peut jamais être trop grande. L'expérience de tous les tems et de tous les Lieux a démontré le danger du voisinage de L'autel pour le Trône.

Les prêtres sont encore de plus suspects conservateurs des Loix que les magistrats ; en aucun lieu du monde on n'a pu les réduire sans violence à l'état de pur et simple Citoyen ; ils ont souvent osé dire qu'ils ne relevoient que de Dieu, ils n'ont jamais cessé de le penser. Partout ils ont prétendu à une juridiction particulière, partout ils ont prétendu au droit de Lier ou de délier le serment; c'est accéder à leurs prétentions que de les en rendre dépositaires ; on ne peut tenir trop bas une race d'hommes qui sanctifient le crime quand il lui plaît; on ne peut trop se défier d'une race d'hommes qui a conservé seul le privilège Royal de parler aux peuples assemblés, au nom du maître de L'univers.

Une politique sage et éclairée Leur prescriroit rigoureusement ce qu'ils auroient à leur dire, sans qu'ils pussent s'en écarter, sous les peines les plus sévères. Jamais les troubles de la société ne sont plus terribles que quand les perturbateurs peuvent se servir du prétexte de la Religion, et en masquer leurs desseins.

Les peuples qui n'ont été que trop souvent opprimés se sont accoutumés à regarder les prêtres, intercesseurs auprès de Dieu vengeur unique de l'oppression des Rois, comme Leurs protecteurs.

Le Trône est tôt ou tard occupé par un superstitieux, c'est-à-dire que le règne des prêtres arrive tôt ou tard, et c'est alors que les peuples sont souverainement malheureux.

Le prêtre dont le sistème est un tissu d'absurdités tend secrète-

mentionnée Nous entrions dans l'examen de la situation de cet Empire et de la nature de son gouvernement.

5. — Car les Loix les plus conformes à la nature sont celles dont la disposition particulière se rapporte le mieux à la disposition du peuple pour lequel elles sont faites. Les trois chapitres suivans indiqueront ce que Nous entendons par cette situation naturelle.

ment à entretenir l'ignorance : la raison est l'ennemie de la foi, et la foi est la base de l'état, de la fortune, de la considération du Prêtre.

Le Prêtre est un personnage sacré aux yeux du peuple ; l'intérêt et la sûreté du Monarque demandent qu'on lui ôte ce caractère. Plus le prêtre est saint, plus il est dangereux. La politique de Venise favorise la corruption des Prêtres. Le Prêtre corrompu ne peut rien, il est avili, celui-là n'a pas pourvu à la tranquilité de la société, qui a négligé la chose à laquelle les peuples mettent plus d'importance qu'à leur vie.

Les méchants Rois ont besoin de Dieux cruels pour trouver dans le ciel l'exemple de la Tirannie : ils ont besoin des prêtres pour faire adorer des dieux tirans, mais l'homme juste et libre ne demande qu'un Dieu qui soit son père, des égaux qui le chérissent et des lois qui le protègent.

Catherine et Montesquieu ont ouvert leurs ouvrages par Dieu, ils auroient mieux fait de commencer par la nécessité des lois fondement du bonheur des hommes, contrat où l'on stipule pour notre Liberté et nos propriétés ; ça été une politique de la part de l'un et de l'autre. Le besoin de cette politique auroit dû leur faire sentir le mal et leur inspirer la crainte de l'augmenter.

Loin de donner cette marque de distinction à la Religion et à l'Etat du Prêtre, j'aurois affecté de le placer entre les conditions communes de la société, j'aurois affecté d'en faire un sujet comme un autre. La vraie place étoit tout juste au-dessus ou au-dessous du comédien. Dans une instruction pour un code adressée à une nation, auriez-vous osé lui donner cette place ? Non ; mais je me serois bien gardé de le nommer le premier. J'aurois d'abord parlé de moi ; ensuite du Militaire, puis du Magistrat, puis des différentes classes de sujets entre lesquelles le prêtre auroit paru, devant ou après le commerçant.

Quel est l'homme un peu sensé qui, au premier coup d'œil impartial sur toutes les Religions de la terre, n'y reconnoisse un tissu de mensonges extravagants, un sistème où les rangs ont été ordonnés ainsi : Dieu, le sacerdoce, la Royauté, le peuple. Cet ordre peut-il être consenti par un souverain ? La Religion n'est pas même sans

CHAPITRE PREMIER

6. — La Russie est une puissance européenne.

fâcheuse conséquence dans l'État Démocratique. Dégradez tant que vous pouvez un système mensonger qui vous dégrade. C'est à tous les Souverains que je le dis.

Il est un vice commun à tous les corps, c'est de tendre à la prééminence ; ce vice est moins caché, plus violent, plus dangereux dans le sacerdoce que dans aucuns.

Malheur au Peuple où le Prêtre est chargé de l'instruction du jeune Roi. Il l'élève pour Dieu, c'est-à-dire pour lui-même. Quels sont les deux principes qu'il lui inculque spécialement ? L'abnégation de sa raison, la soumission profonde à la religion ; l'intolérance et sa parfaite indépendance de toute espèce d'autorité, excepté celle de Dieu. Tout ce qu'il lui dit en cent façons se réduit à ces mots : vous n'êtes rien devant Dieu, vous êtes le maître absolu des peuples ; mais il s'est excepté.

Le philosophe dit beaucoup de mal du prêtre ; le Prêtre dit beaucoup de mal du philosophe, mais le philosophe n'a jamais tué de prêtres, et le prêtre a beaucoup tué de philosophes ; mais le philosophe n'a jamais tué de rois, et le prêtre a beaucoup tué de Rois. On a dit des jésuites que chacun d'eux étoit un poignard dont la poignée étoit dans la main du général, on peut dire avec au moins autant de vérité que chaque prêtre est un poignard dont la poignée est dans la main de Dieu ; ou plutôt que Dieu est un poignard dont la poignée est dans la main de chaque prêtre. Mais soyons vrais ; pourquoi est-ce que les philosophes n'ont tué ni prêtres ni Rois ? C'est qu'ils n'ont ni confessionnaux, ni chaires publiques ; c'est qu'ils ne séduisent point en secret et qu'ils ne prêchent point aux peuples assemblés, car ils sont quelques fois très fanatiques ; il est vrai que leur fanatisme n'a pas un caractère sacré, ils ne parlent pas au nom de Dieu, mais au nom de la Raison qui ne parle pas toujours froidement, mais qui est toujours froidement écoutée et qu'ils ne promettent point de Paradis et ne menacent point d'enfer.

CHAPITRE II

Art. 4

La Russie est une puissance européenne. Peu importe qu'elle soit Asiatique ou Européenne. Le point important, c'est qu'elle soit grande, florissante et durable.

Les mœurs sont partout des conséquences de la Législation et du Gouvernement ; elles ne sont ni africaines, ni asiatiques, ni européennes, elles sont bonnes ou mauvaises. On est Esclave sous le pôle où il fait très froid. On est esclave à Constantinople où il fait très chaud ; il faut que partout un peuple soit instruit, libre et vertueux. Ce que Pierre Ier apporta en Russie, s'il étoit bon en Europe étoit bon partout.

Sans nier l'influence du climat sur les mœurs, L'état actuel de la Grèce et de l'Italie, l'état futur de la Russie montreront assez que les mœurs bonnes ou mauvaises ont d'autres causes. Ces scythes si jaloux de leur Liberté s'ils existoient encore occuperoient quelques provinces ou Russes ou voisines de la Russie.

L'empire de Russie occupe une étendue de 32 degrés en latitude et de 165 en longitude. Civiliser à la fois une aussi énorme contrée me semble un projet au-dessus des forces humaines, surtout lorsque je me promène sur la lisière et que je trouve ici des déserts, là des glaces, ailleurs des Barbares de toute espèce.

Une chose qui me sembleroit très sage, ce seroit d'abord de porter la capitale au centre ; le cœur est mal placé à l'extrémité du doigt. La capitale une fois au centre, de là les grandes routes, les communications avec toutes les parties de l'empire, le séjour des Grands dans leurs terres, les entrepôts de consommation, les chemins de traverse ; la capitale est un grand animal vorace qui reçoit sans cesse et qui ne rend rien. Les villes frontières sont par leur nature remparts ou lieux de défense et d'échange.

La seconde chose ce seroit de choisir un personnage peu important par sa naissance et par sa fortune, de lui assigner un district et d'y faire exécuter un plan de civilisation sagement combiné, qui servit de modèle à tous les autres districts. Pour cet effet il faudroit que ce Gouverneur fût un homme ferme, sage et instruit, et qu'affranchi de tous les tribunaux, il ne répondit qu'à la Souveraine de ses différentes opérations. Ce district seroit par rapport au reste de l'empire ce qu'est dans l'Europe la France relativement aux contrées qui l'entourent, il ne tarderoit pas à donner la Loi. L'impératrice n'auroit civilisé que ce canton pendant toute la durée de son Règne qu'elle auroit beaucoup fait.

La troisième, ce seroit d'accepter une colonie de Suisses ; de la placer convenablement ; de lui assurer ses privilèges et la Liberté ; d'accorder les mêmes privilèges et la même Liberté à tous ceux de ses sujets qui entreroient dans la même colonie. Les Suisses sont agriculteurs et soldats ; ils sont fidèles. Je sais par cœur toutes les

7. — En voici la preuve : les changemens que Pierre le Grand entreprit en Russie eurent un succès d'autant plus heureux que les mœurs d'alors ne s'accordoient aucunement avec le climat et y avoient été apportées par le mélange des différentes nations et par les conquêtes de plusieurs Provinces étrangères. Pierre Ier introduisant des mœurs et des coutumes européennes chés une nation d'Europe trouva des facilités qu'il n'attendoit pas lui-même.

---

objections qu'on peut opposer à ces moyens ; elles sont si frivoles que je ne me donne pas la peine d'y répondre.

Un plan d'administration seroit une inspiration de la sagesse même ; l'intérêt le mieux entendu l'auroit dicté ; le succès en seroit géométriquement démontré qu'il ne s'exécuteroit pas. Pourquoi cela ? C'est qu'il n'est pas venu dans la tête d'un indigène, et qu'il suppose le concours des Étrangers. On est aveugle et l'on repousse la lumière exotique. Dans les états monarchiques, un moyen d'exclure un habile homme d'une place importante, moyen que la haine ou la jalousie ne manque guère d'employer, c'est d'anticiper sur la nomination de la Cour par le choix populaire. Le même moyen réussiroit aussi sûrement entre les cours pour détourner un ministre d'une bonne opération ; un autre ministre n'auroit qu'à s'emparer de la gloire de s'en être avisé le premier, en la divulguant, pour empêcher qu'elle ne se fît. Rien de plus rare entre les ministres d'une même cour que d'en voir un assez grand, assez honnête, assez bon citoyen pour suivre un projet commencé par son prédecesseur ; c'est ainsi que les abus s'éternisent chez la même nation. C'est ainsi que tout s'entame et que rien ne s'achève par un fol orgueil, dont l'influence fatale se répand sur toutes les branches de l'administration, qui suspend les progrès de la civilisation et qui auroit fixé les peuples dans l'état barbare, si leurs chefs en avaient été constamment et dans tous les tems également entêtés. Mais S. M. Imple ne permet pas qu'on lui parle mal de ceux qu'elle appelle ses amis, ainsi taisons-nous.

Art. 5

Il est évident que dans une société bien ordonnée Le méchant ne peut nuire à la société sans se nuire à lui-même.

Le méchant sait cela ; mais ce qu'il sait encore mieux, c'est qu'il gagne plus comme méchant qu'il ne perd comme membre de la société à laquelle il nuit.

— Croyez-vous qu'en France les fermiers généraux n'aient pas senti de tout tems qu'ils se nuisoient à eux-mêmes, en nuisant à la société ? Ont-ils renoncé à leur état ? Non.

CHAPITRE II

8. — Les possessions de l'Empire de Russie occupent sur le globe une étendue de 32 degrés en latitude et de 165 en longitude.

9. — Le Monarque de Russie est Souverain. Il n'y a qu'un pouvoir unique, résidant en sa personne, qui puisse agir convenablement à l'étendue d'un Empire aussi vaste.

10.— Un grand Empire suppose une autorité souveraine dans la Personne qui le gouverne. Il faut que la promptitude dans la décision des affaires, qui surviennent des endroits éloignés, compense la lenteur à parvenir, occasionnée par la distance.

11. — Toute autre forme de gouvernement, non seulement seroit nuisible à la Russie, mais elle entraînerait même sa destruction totale.

12. — Une autre raison, c'est qu'il est plus avantageux d'obéir aux Loix sous un seul Maître que de dépendre de plusieurs.

Le grand problème à résoudre, ce seroit que le mal que l'on fait à la société fût toujours moindre que celui qu'on se feroit à soi-même et comment résout-on ce problème ? Il y a et il y aura toujours telle circonstance dont un méchant saura profiter, où il n'y a nul rapport entre le bien qu'il se fait comme méchant et le mal qu'il se fait comme citoyen.

Le principe dont il s'agit s'applique rigoureusement au souverain, par la raison qu'il est maître de tout et qu'il est impossible que sa méchanceté ne L'appauvrisse ; mais il n'en est pas de même des particuliers.

De conséquence en conséquence il n'y a aucune mauvaise loi qui ne conduise à ce dernier résultat, *dont votre volonté, sire, est que nous brûlions nos maisons.*

Voici pourtant une difficulté. Les Loix naturelles sont éternelles et communes. Les Loix positives ne sont que des corollaires des loix naturelles. Donc les loix positives sont également éternelles et communes. Cependant il est certain que telle loi positive est bonne et utile dans une circonstance, nuisible et mauvaise dans telle autre ; il est certain qu'il n'y a point de code qu'il ne faille réformer avec le tems. Cette difficulté n'est peut-être pas insoluble ; mais il faut la résoudre.

ART. 12

Il est plus avantageux d'obéir aux Loix sous un seul maître, que de dépendre de plusieurs.

J'en conviens, mais à condition que le maître sera le premier esclave des Loix. C'est contre ce maître Le plus puissant et le plus dangereux des malfaiteurs que les Loix doivent être principalement

13. — Or, quel est l'objet d'un Gouvernement absolu ? Ce n'est certainement point de priver les hommes de leur liberté naturelle, mais de diriger leurs actions vers le plus grand de tous les biens.

---

dirigées. Les autres malfaiteurs peuvent troubler l'ordre de la société, il n'y a que celui-là qui puisse Le renverser. Il n'y a qu'un Palais dans un empire, il y a une centaine de millions de maisons autour de ce Palais. Pour une fois que le sens commun, la grandeur d'âme, l'équité, la fermeté, le génie tombent du ciel sur ce Palais, ces qualités qui font le grand Roi doivent une centaine de millions de fois tomber à côté. On doit donc, selon une Loi de nature que nous ne pouvons déranger, s'attendre à être gouverné par un sot, par un méchant ou par un fou. On n'a rien fait tant qu'on n'a pas pourvu à cet inconvénient.

Art. 13

L'objet, la fin de tout Gouvernement doit être le bonheur des citoyens, la force et la splendeur de l'État et la Gloire du Souverain.

Jl ne faut pas demander quel est l'objet d'un Gouvernement absolu. Peu importe quel soit son objet ; mais quel est son effet ? Son effet est de mettre toute Liberté et toute propriété dans l'absolue dépendance d'un seul.

Si ce maître est un homme juste, éclairé et ferme, tout sera dirigé du moins pendant la durée de son règne vers le plus grand bien de tous, mais ce plus grand bien suppose ces trois qualités réunies ; s'il est juste sans être instruit ou ferme, ou il ne fera rien, ou il ne fera que des sottises ; et ainsi du manque de justice ou de fermeté, ou de Lumière. Mais s'il est rare de trouver L'une de ces qualités separées, poussée à un certain degré dans un homme, combien est-il plus rare de les lui trouver, poussées à ce degré et réunies ?

Si donc L'étendue de la Russie exige un despote, la Russie est condamnée à être vingt fois mal pour une fois bien gouvernée. Si par un de ces prodiges qui n'est pas dans l'ordre commun de La nature, elle avoit trois bons despotes de suite, ce seroit encore un grand malheur pour elle et pour toute autre nation où la Soumission à la Tyrannie ne seroit pas L'état habituel.

Car ces trois despotes excellens accoutumeroient La nation à l'obéissance aveugle ; sous leurs regnes les peuples oublieroient leurs droits inaliénables ; ils tomberoient dans une sécurité et une apathie funestes : ils n'éprouveroient plus cette allarme continuelle, la conservatrice nécessaire de la Liberté. Ce pouvoir absolu qui, placé dans la main d'un bon maître, faisoit tant de bien, le dernier de ces

14. — Ainsi le gouvernement qui tendra plus qu'aucun autre vers cet objet, en restreignant le moins la liberté naturelle, est celui qui remplit le mieux les vues qu'on doit supposer dans des êtres doués de raison, et répond de plus au but que les hommes se sont proposé en formant des Sociétés civiles.

---

bons maîtres le transmettroit à un méchant, et le lui transmettroit scellé par le tems et par L'usage : et tout seroit perdu.

Je disois à L'impératrice que si L'Angleterre avait eu trois Souverains de suite, telle qu'Elizabeth, l'Angleterre étoit asservie pour des siècles ; et elle me répondit : je le crois.

Dans quelque contrée que ce puisse être, L'autorité souveraine doit donc être Limitée, et Limitée d'une manière durable. Le problème difficile à résoudre, ce n'est donc pas de donner des Loix et même de bonnes Loix à un peuple, c'est de mettre ces Loix à L'abri de toute atteinte de la part du Souverain.

L'action héroïque d'un bon despote, c'est de Lier un bras à son successeur ; et c'étoit Là la premiere question à proposer à la commission.

Art. 14

Puisque l'ordre de la nature est qu'il y ait vingt fous pour un sage, le bon Gouvernement sera celui où la Liberté des individus sera le moins, et celle du Souverain sera la plus restrainte qu'il est possible.

Pourquoi la Russie est-elle moins bien Gouvernée que la France ? C'est que la Liberté naturelle de l'individu y est réduite à rien, et que l'autorité souveraine y est illimitée. Pourquoi la France est-elle moins bien gouvernée que l'Angleterre ? C'est que l'autorité souveraine y est encore trop grande, et que la liberté naturelle y est encore trop restrainte. L'Jmpératrice à qui je faisois ces observations, me dit : votre avis seroit donc que j'eusse un Parlement à L'angloise. Je lui repondis. Si V. M. Jmp[le] pouvoit le créer d'un coup de baguette, je crois qu'il existeroit demain.

Je ne vois que quelque forme de différence entre Le despotisme et la Monarchie pure. Le despote fait tout ce qu'il veut, sans aucune forme ; le Monarque est assujetti à des formes qu'il néglige quand il lui plaît, et qui ne font que suspendre ses volontés sans les changer, quand il les respecte.

C'est l'esprit de la Monarchie pure qui a dicté l'instruction de Catherine seconde. La Monarchie pure reste ce qu'elle est où retourne au despotisme ; selon le caractère du monarque, c'est donc une mauvaise espèce de Gouvernement.

15. — L'objet et la fin des Gouvernements Monarchiques est la gloire des Citoyens, de l'État et du Souverain.

16. — Mais de cette gloire il résulte, chez une nation soumise à un Gouvernement Monarchique, un esprit de liberté, qui peut faire d'aussi grandes choses, et, peut-être, contribuer autant au bonheur des sujets que la liberté même.

Le Gouvernement sous lequel le souverain libre pour le bien est lié pour le mal est ce qu'on appelle une monarchie tempérée. Mais dira-t-on il falloit passer successivement du despotisme à la monarchie pure, et de la Monarchie pure à la monarchie tempérée? Je n'en crois rien. Un souverain qui est juste, ferme et éclairé, et qui peut tout, ne doit rien laisser à faire à des successeurs qui seront bien plus enclins à revenir de la Monarchie tempérée à la monarchie pure : c'est l'expérience de tous les siècles et de toutes les nations. Le roi d'Angleterre fait tout ce qu'il peut pour instituer le gouvernement françois; et le Roi de France tout ce qu'il peut pour amener le Gouvernement asiatique.

J'ai osé dire à l'Jmpératrice qu'il y avoit une maladie à laquelle les Souverains étoient plus sujets que les peuples, la folie ; et elle en est convenue sans s'en offenser. C'est à celle Là qu'on peut bien dire la vérité, c'est la vraie femme de Henry IV.

Art. 15

Le souverain est la source de tout pouvoir politique et civil. Je n'entends pas cela. Il me semble que c'est le consentement de la nation représentée par des députés ou assemblée en corps, qui est la source de tout pouvoir politique et civil.

C'est en conséquence de cette idée Tyrannique, qu'un Souverain finit tous les Edits par cette étrange formule : *car tel est notre bon plaisir.* N'y a-t-il pas assez longtems que nous savons par Expérience que le bon plaisir des Souverains est d'écraser leurs peuples ?

L'Jmpératrice de Russie en se dépouillant de sa prérogative de Législatrice en faveur de ses sujets, à qui elle laisse le soin de se faire des Loix à eux-mêmes, pourra terminer les Oukases par une formule plus raisonnable ; *car tel est le bon plaisir de nos Peuples.*

Art. 16

La Liberté est dans les Démocraties. L'esprit de liberté peut être dans les Monarchies, mais ces ressorts sont bien différents; cependant quand on manque de celui-ci, il faut précisément conserver celui-là. Il faut ou qu'un peuple soit libre ;ou qu'il croie L'être. Celui

CHAPITRE III

17. — De ce qui assure la Constitution de l'État.

18. — Les pouvoirs intermédiaires, subordonnés et dépendans du pouvoir suprême, constituent la nature du gouvernement.

---

qui détruit ce préjugé national est un scélérat ; c'est une grande toile d'araignée sur laquelle L'image de la Liberté est peinte. Cette image qui attache tous les yeux du peuple L'élève, le soutient, le réjouit ; quelques bons yeux voyent à travers les trous de cette toile la tête hydeuse du despote. Que fait celui qui déchire la toile ? Rien pour le maître dont il est le vil esclave, un mal incroyable à la nation qu'il détrompe, qu'il contriste, qu'il abbat, qu'il avilit, en lui montrant tout à coup la tête hydeuse. Le corps dépositaire des Loix fondamentales d'un Etat est cette toile d'araignée.

CHAPITRE III

Art. 17

Si le dépositaire est subordonné et dépendant du pouvoir suprême toute législation est vaine.

Je ne vois plus qu'une volonté qui règle tout, qui fait à son gré le juste et l'injuste. L'on donnera à cette volonté le nom qu'on voudra, ce ne sera jamais qu'un sultan.

Art. 18

Je ne nie pas le bon effet de l'*évidence* qui est la suite de l'instruction générale, mais je propose mes doutes contre la solidité de cette contreforce.

1° Comment rend-on cette évidence générale ? Les 19 vingtièmes d'une nation sont condamnés à L'ignorance par leur état et leur imbecillité.

2° L'autre vingtième est à présent même très éclairé et l'est sans effet.

3° L'évidence n'empêche ni le jeu de l'intérêt ni celui des passions ; un commercant déréglé voit évidemment qu'il se ruine, et ne se ruine pas moins. Un Souverain sentira qu'il Tirannise ou par lui-même ou par ses ministres, et n'en tirannisera pas moins. Est-ce L'évidence qui a manqué en France sous le règne passé ?

4° L'expérience montre qu'on écrit bien, qu'on parle bien sous les règnes éclairés, et que rien ne va bien que sous les bons Rois.

5° Nous en savons certainement plus qu'on n'en savoit sous Sully

19. — J'ai dit : les pouvoirs intermédiaires, subordonnés et dépendans du pouvoir suprême : en effet, le Souverain est la source de tout pouvoir politique et civil.

---

et sous Henry IV ; pourquoi sommes-nous moins heureux ?

6º Ce qu'on objecte aux contreforces Physiques d'un corps politique surveillant de l'autorité souveraine, me paroit peu solide, témoin le Parlement d'Angleterre, qui me paroît une terrible contreforce au pouvoir du Roi. Qu'on exclue un représentant, je ne dis pas accusé, mais convaincu de séduction, et qu'on laisse au peuple l'entière Liberté de son choix, et l'on verra ce que deviendra cette contreforce. Le peuple, non séduit par des largesses, nommera certainement l'homme le plus honnête et le plus instruit ; il est dans la nature d'écouter son intérêt quand on n'est pas aveuglé ou séduit.

Cependant il faut éclairer et instruire ; mais ne se pas trop promettre de ce moyen.

Au reste, je ne crois pas que L'évidence ni aucun autre moyen puisse rendre les Loix immuables ; je les crois non pas toutes, mais quelques-unes du moins abandonnées aux vicissitudes des circonstances. La position actuelle d'un Etat inspire une Loi très sage ; et cette loi dépendante de la circonstance seroit très nuisible si la position venoit à changer.

ART. 19

Il seroit à propos de fixer les droits *des pouvoirs intermédiaires*, et de les fixer d'une manière irrévocable pour le Législateur même et pour ses successeurs ; s'ils sont dépendans du pouvoir suprême, ils ne sont rien, un peuple libre ne diffère d'un peuple esclave que par l'inamovibilité de certains privilèges appartenant à l'homme comme homme ; à chaque ordre de citoyens, comme membre de cet ordre, et à chaque citoyen comme membre de la société. Il n'y a ni droits, ni Loix, ni liberté où le Souverain dispose à son gré des droits et des Loix ; c'est en vain qu'un législateur équitable et bienfaisant a travaillé si celui à qui il transmet le sceptre peut tout renverser, se lier soi-même et lier son successeur : voilà le comble de l'héroïsme, de l'humanité, de l'amour des sujets, et une des choses les plus difficiles à la Législation. Je n'en connois que trois ou quatre moyens : la connoissance ou l'instruction publique, la briéveté du code et des Lois. L'éducation, le serment national et l'assemblée périodique des Etats Généraux ; mais l'éducation surtout, et la jouissance confirmée par un Long intervalle de tems.

20. — Les Loix fondamentales d'un État supposent nécessairement des canaux moïens, c'est-à-dire des Tribunaux, par où découle la puissance du Souverain.

21. — Des Loix qui permettent à ces tribunaux de faire des représentations que tel Edit est contraire au Code des Loix ; qu'il est nuisible, obscur, impraticable dans l'exécution ; qui déterminent d'avance à quels ordres on doit obéir, et comment on doit les exécuter, de telles Loix rendent fixe et inébranlable la constitution d'un État.

Art. 20

Est-ce qu'il y a des Loix fondamentales d'un Etat partout où les pouvoirs intermédiaires ne sont considérés que *comme des canaux conducteurs de la puissance du Souverain* ? Je n'aime point cette façon de voir ; elle a une odeur de despotisme qui déplaît.

Mais il y a vraiment des Loix fondamentales d'un Etat partout où il y a des canaux conducteurs de l'intérêt et de la volonté générale au Souverain, et où ces canaux ne peuvent être ni engorgés par l'or, ni brisés par le Souverain.

Sans ces préliminaires, je ne verrai jamais sur la surface de la terre que des esclaves sous différents noms.

Art. 21

Des lois qui permettent des représentations, qui déterminent les ordres qui méritent soumission ; qui en fixent l'exécution etc., ne rendent point inébranlable la Constitution d'un état, témoin la France ; elle avoit tous ces avantages, et un instant a renversé sa constitution.

On n'a rien fait tant qu'on n'a pas trouvé le secret d'emmaillotter l'enfant sot, méchant ou fou. Pendant le règne d'un méchant souverain, la nation est dans un État de guerre avec celui qui la gouverne ; plus il y a de mauvais Regnes, plus cet état de guerre a duré; peu à peu un peuple s'accoutume à regarder son maître comme son ennemi.

Le premier mot de tous ceux qui montent sur le trône, c'est *paix entre mon peuple et moi* ; tous l'ont crié les uns après les autres, on attend encore celui qui tiendra parole ; c'est le Messie. Peuples, ne vous hâtez pas de dire : Le voilà, il est venu ; attendez les miracles qui doivent le manifester.

Faire des représentations ! A quoi servent Les représentations ? Est-ce que nos magistrats n'en faisoient pas ? Est-ce qu'ils ne refusoient pas de les enregistrer, ces volontés du Souverain qui leur sembloient contraires aux lois et au bien de la nation ? Est-ce qu'ils n'étoient pas autorisés à ce refus par l'injonction la plus précise de plusieurs de nos Rois qui avoient bien voulu ne se pas croire absolument infaillibles ? Est-ce qu'ils ne suspendoient pas le cours de la justice ? Est-ce qu'ils ne s'exposoient pas à l'exil ? Est-ce qu'ils n'ont pas été plusieurs fois exilés ? Est-ce qu'enfin ils n'ont pas été détruits ? Il n'est donc pas vrai que de telles précautions suffisent pour rendre fixe et inébranlable la constitution d'un Etat. Lorsqu'on se propose de donner une forme à un Gouvernement, il est d'autant plus important de faire ce qu'il y a de mieux à faire quand on a toute autorité, que plus les vices durent, plus il est difficile d'y remédier.

Je vois de tous côtés, chez toutes les nations, des monumens qui attestent l'autorité du Souverain. Je n'en vois aucun qui atteste la liberté de la nation ; cependant s'il y a quelque inconvénient à craindre, ce n'est pas que le monarque oublie sa prérogative, mais que les sujets oublient leurs droits.

On disoit et l'on dit encore en France : nous détruisons notre parlement et l'Jmpératrice de Russie s'occupe d'en instituer un chez elle. Mais la destruction de ce parlement ne lui criait-elle pas qu'elle avoit quelque chose de mieux à faire. L'Jmpératrice a senti la nécessité d'un dépôt des Loix fondamentales d'un Etat. Elle a vu le viol et la destruction du dépôt de nos Loix fondamentales ; donc elle a dû conclure : Si les lois fondamentales de la Russie n'ont pas un meilleur dépôt que celui-là, je n'ai rien fait pour leur durée ; donc elle a dû se demander à elle-même : quel doit être le dépôt de mes Loix, si je ne veux pas qu'il soit violé ni détruit ?

Il est vrai que L'Jmpératrice m'a dit, à moi-même, que le moment de ce viol et de cette destruction lui avoit montré Le peuple françois sous l'aspect le plus méprisable et le plus vil. Je suppose que la France eût eu plus d'énergie et que ce forfait ne se fût pas consommé sans une longue effusion de sang. L'Jmpératrice nous auroit applaudi je n'en doute pas, mais que lui auroit appris ce sang répandu ? Que la constitution de son empire devoit être telle qu'aucun de ses successeurs ne fût tenté de violer et de détruire le dépôt de ses Loix, puisque chez un peuple brave, ce viol ne se fait pas sans assassinats et sans meurtres. J'avoue que j'aurois grand plaisir à Lire quelques pages d'un commentaire fait par cette femme extraordinaire sur ces articles de son instruction.

Dans la nature, la destruction d'un être est toujours la génération d'un autre ; mais celui-ci est toujours moins parfait. Je voudrois bien qu'elle fît une exception à cet ordre de choses ; et que de la destruction de notre parlement et de la corruption du parlement d'Angleterre, il résultât à Petersbourg quelque chose de mieux que l'un et l'autre. Si elle s'en occupe, cela sera.

CHAPITRE IV

22. — Il faut un dépot des Loix.

23. — Ce dépôt ne peut être que dans les corps politiques, qui annoncent les Loix lorsqu'elles sont faites et les rappellent lorsqu'on les oublie.

24. — Ces corps, ayant reçu les Loix du Souverain, les examinent et ont le droit de faire des représentations, s'ils trouvent qu'elles sont en contradiction avec le Code, etc., etc., comme il vient d'être dit ci-dessus. Chap. III, § 21.

25. — Mais s'ils n'y trouvent rien de tel, ils les enregistrent et les font publier.

26. — En Russie, c'est le Sénat qui est le Dépositaire des Loix.

27. — Les autres Tribunaux sont tenus et ont le même droit de faire des représentations, au Sénat et même au Souverain, de la manière ci-dessus expliquée.

28. — Si l'on demande : Qu'est-ce que le Dépôt des Loix ? Je réponds : le Dépôt des Loix est cette Institution, en conséquence de la quelle les Corps ci-dessus mentionnés, établis pour faire observer la volonté du Souverain conformément aux Loix fondamentales et à la constitution de l'État, sont tenus de le conduire dans l'exercice de leurs fonctions, suivant les formes qui leur sont prescrites à cet égard.

CHAPITRE IV

Art. 22 et 23

Il faut un dépôt des Loix; assurément *ce dépôt ne peut être que dans le corps politique*, etc. Il s'agit bien de cela. Ce dont il s'agit, c'est de savoir comment empêcher que le dépôt ne soit violé. Violé et par le Souverain, et par le magistrat ! Ce dont il s'agit, c'est de savoir ce que doit faire le dépositaire, lorsque le dépôt est violé par le Souverain.

Art. 28

Qu'est-ce que le dépôt des Loix ? Une institution en conséquence de laquelle la volonté du Souverain est examinée, autorisée, publiée, exécutée. Mais quelle est la garantie de la force et de la durée de cette institution ? En France, ce dépositaire étoit le parlement, mais le parlement n'est plus. En Russie, c'est le sénat, mais le sénat n'est rien : *Vox clamantis in deserto*. Un jour Hérode fit couper cette tête qui crioit dans le désert, et on La presenta sur un bassin à Hérodiade.

29. — Cette Institution empêche le peuple de mépriser impunément les ordres du Souverain, et elle le met en même temps à l'abri des caprices et de la cupidité.

30. — Car elle légitime, d'une part, les peines destinées aux transgresseurs des Loix, et authorise, d'autre part, le refus d'enregistrer celles qui sont contraires à l'ordre établi dans l'État, ou celui de s'y conformer dans l'administration de la Justice et des affaires publiques.

CHAPITRE V

31. — De l'État en général des hommes vivant sous un gouvernement policé.

32. — C'est un grand bonheur pour l'homme de se trouver dans des circonstances telles que, quand les passions le porteroient à être méchant, sa raison lui fît néanmoins voir plus d'avantage à ne pas l'être.

33. — Il faut que les Loix pourvoyent autant qu'il est en elles à la sûreté de chaque citoyen en particulier.

Art. 29

Cette institution empêche le peuple de mépriser impunément les ordres souverains. Oui, impunément, cela est vrai.

Cette institution arrête les caprices et la cupidité du Souverain. Où ? Cela n'est pas même à Londres. L'homme riche achète les suffrages de ses commettants pour obtenir l'honneur de les représenter ; la cour achète les suffrages de représentans pour gouverner plus despotiquement. Une nation sage ne travailleroit-elle pas à prévenir l'une et l'autre corruption ? N'est-il pas étonnant que cela ne se soit pas fait le jour qu'un représentant eut l'impudence de faire attendre ses commettans dans son antichambre, et de leur dire ensuite : « Je ne sais ce que vous voulez, mais je n'en ferai qu'à ma tête ; je vous ai achetés fort cher, et j'ai bien résolu de vous vendre le plus cher que je pourrai. » Le jour même où le ministre se vanta d'avoir dans son portefeuille le tarif de toutes les probités de l'Angleterre ?

Si le droit de représenter s'achète, le plus riche sera toujours le représentant. S'il ne s'achète pas, le représentant sera à meilleur marché. Je suis quelquefois tenté de croire qu'il est en Angleterre de la vénalité du représentant comme de la vénalité des charges en France. Deux maux nécessaires.

CHAPITRE V

Art. 33

Cela se peut, mais quand on aura découvert cet ordre, qui est-ce

34. — L'égalité de tous les citoyens consiste en ce qu'ils soient tous soumis aux mêmes Loix.

---

qui L'introduira ? Combien d'intérêts s'opposeront à son établissement ?

En France, il faudroit commettre une foule incroyable d'injustices en abolissant des privilèges, des droits, des distinctions, etc., dont les uns ont été accordés comme récompenses des services et les autres acquis à prix d'argent. Jl faudroit que le Monarque foulât aux pieds le serment qu'il a fait à son sacre. Jl faudroit qu'il manquât à tous les ordres de l'Etat. En Russie, à Constantinople, c'est risquer sa couronne et sa tête.

Mais, dira-t-on, c'est une réforme à introduire peu à peu, c'est-à-dire que vous comptez sur deux à trois Souverains justes, bons et éclairés, et surtout fermes. Est-ce la loi de la nature ? Et voilà malheureusement ce qui fait rentrer le Livre *de la Rivière*, du moins en grande partie, dans la classe des *Utopies*. Il y a bien de la différence entre un peuple policé et un peuple à policer ; la condition de celui-là me paroit pire que la condition de celui-ci ; l'un est sain et l'autre est attaqué d'un vieux mal presque incurable. Et puis, que penser d'un système où l'on ne fait point entrer en compte la folie et les passions, l'intérêt et les prejugés, etc. ? Je regarde tous les ouvrages modernes comme une montre qui sortiroit de la main d'un géomètre qui n'auroit fait entrer en calcul ni les frottemens, ni les chocs, ni la pesanteur. Les uns ont bien connu le mal et n'ont point indiqué le remède, les autres ont supposé la machine saine et toute neuve ; ou s'ils en ont connu le vice, ils n'ont pas assez senti la difficulté d'y remédier ; d'un côté, point de remède, de l'autre, nul moyen de l'appliquer.

ART. 34

L'égalité des citoyens consiste à être tous soumis aux mêmes Loix : il faudroit ajouter *également.*

Ce paragraphe entraîne L'abolition de tous les privilèges attachés à la noblesse, à l'État ecclésiastique, à la magistrature ; mais je demande quelles précautions l'on prendra pour que des Citoyens inégaux en puissance, en force, en moyens de toute espèce soient tous égaux au tribunal des Loix. Cela doit être, cela s'est toujours supposé, mais cela n'a jamais été, et peut-être cela n'a-t-il jamais pu être. L'objet vaudroit bien la peine qu'on y pensât.

Il y a des hasards heureux qui rompent l'inégalité entre deux individus naturellement égaux. Il y a entre deux individus une

35. — Cette égalité exige de bons règlemens, qui empêchent les riches d'opprimer ceux qui le sont moins, et de faire servir les dignités et les emplois, qui ne leur sont confiés que comme Magistrats, à leur utilité privée.

---

inégalité naturelle. Il y a des inégalités conventionnelles ou dépendantes du Rang que l'individu occupe dans la société. Si le mérite a décidé du rang, cette inégalité rentre dans la classe des inégalités naturelles. Je respecte toutes ces inégalités, c'est une portion de la propriété, mais ces droits ou privilèges factices attachés aux conditions, en conséquence desquels le fardeau de la société est si inégalement partagé, et L'autorité de la loi si diverse, je ne puis les admettre; cherchez quelque autre moyen de distinguer les hommes; donnez de l'argent, des cordons, élevez des statues, etc... Encore ce point demanderoit-il bien de la discussion.

Des vues peuvent être excellentes sans que les avantages en aient été plutôt apperçus et il ne faut pas s'en étonner. Les choses sont quelquefois d'une difficulté qui ne peut être surmontée que par l'expérience ou par le génie. L'expérience qui marche à pas lents demande du temps ; et le génie, qui semblable aux courriers des dieux, franchit un intervalle immense d'un saut, se fait attendre pendant des siècles, a-t-il paru ? Il est repoussé ou persécuté. S'il parle, on ne l'entend pas. Si par hasard il est entendu, la jalousie traduit ses projets comme des rêves sublimes, et les fait échouer.

L'intérêt général de la multitude suppléeroit peut-être à la pénétration du génie, si on le laissoit agir en Liberté : mais il est sans cesse contrarié par l'autorité dont les dépositaires ne s'entendent à rien, et prétendent ordonner de tout. Quel est celui qu'ils honorent de leur confiance et de leur intimité? C'est le flatteur impudent qui, sans rien croire, leur répétera continuellement qu'ils sont des êtres merveilleux ; le mal se fait par leur sottise et se perpétue par une mauvaise honte qui les empêche de revenir sur leurs pas;les fausses combinaisons s'épuisent avant qu'ils aient rencontré les vraies, ou qu'ils puissent se résoudre à les approuver, après les avoir rejettées; c'est ainsi que le désordre regne par l'enfance des Souverains, l'incapacité ou l'orgueil des ministres, et la patience des victimes. On se consoleroit des maux passés et des maux présens, si l'avenir devoit changer cette destinée: mais c'est une espérance dont il est impossible de se bercer, et si l'on demandoit au philosophe à quoi servent les conseils qu'il s'opiniatre d'adresser aux nations et à ceux qui les gouvernent, et qu'il repondit avec sincérité, il diroit qu'il satisfoit un penchant invincible à dire la vérité, au hasard d'exciter l'indignation, et même de boire dans la coupe de Socrate.

36. — La liberté politique ne consiste pas à faire tout ce que l'on veut.

37. — Dans un État, c'est-à-dire dans une société où il y a des Loix, la liberté ne peut consister qu'à pouvoir faire ce que l'on doit vouloir, et à n'être pas contraint de faire ce qu'on ne doit pas vouloir.

38. — Il est nécessaire de se former une idée claire et exacte de la liberté. La liberté est le droit de faire tout ce que permettent les Loix ; et si un citoyen pouvoit faire ce que défendent les Loix, alors il n'y aurait plus de liberté, parce que les autres auroient également ce pouvoir.

Art. 37

Cette maxime doit s'entendre également de la Souveraineté. La Souveraineté et la Liberté ne consistent pas à faire tout ce que l'on veut, la Souveraineté et la Libérté sont limitées L'une et l'autre par la même barrière ; le respect de la propriété de la part du Souverain, et son usage de la part du sujet.

Art. 38

Il est nécessaire de se former une idée claire et nette de la Liberté. Assurément si un citoyen pouvoit faire ce que deffendent les Loix, il n'y auroit plus de Liberté; mais si ce n'étoit pas un citoyen qui eut ce pouvoir, si c'étoit le Souverain, y auroit-il de la liberté ? Assurément il y auroit la Liberté d'un seul, et la servitude de tous, d'où il s'ensuit, je crois, que la servitude d'un seul est le préliminaire essentiel à la Liberté de tous.

Un Cacique fit un voyage en France ; la première question qu'on lui fit à la cour, ce fut s'il avoit des Esclaves. « Des esclaves, répondit-il je n'en connois qu'un parmi tous mes sujets ; et cet esclave, c'est moi. » Cette belle et sublime réponse dut lui donner un air tout à fait méprisable dans le Palais d'un Roi qui disoit d'un Sultan qui avoit fait abatre une douzaine des premières têtes du Divan : « Voila ce qui s'appelle regner. » Un Courtisan eut le courage de lui répondre : « Oui, Sire, mais de ces Souverains qui savent regner ainsi, j'en ai vu étrangler six pendant la durée de mon ambassade à la Porte » ; et ce courtisan véridique fut-il disgracié ? Je l'ignore, tout ce que je sais, c'est que son maître feignit de ne pas l'entendre, et lui tourna le dos.

Le despote dit que celui qui craint de dire une vérité dure et utile à son maître est un lâche, et il a raison ; mais il ne dit pas que le despote, qui punit de sa disgrâce l'homme courageux qui a osé lui dire une vérité dure et utile, sème des lâches autour de lui.

39. — La liberté politique, dans un citoyen, est cette tranquillité d'esprit qui provient de l'opinion que chacun a de sa sûreté, et, pour qu'on ait cette liberté, il faut que le Gouvernement soit tel, qu'un citoyen ne puisse pas craindre un autre citoyen, mais que tous ensemble craignent les Loix.

CHAPITRE VI

40. — Des Loix en général.

41. — Il ne faut défendre par les Loix rien que ce qui peut être nuisible à chacun en particulier, ou à la Société en général.

42. — Toute action qui ne renferme rien de tel, n'est absolument point sujette aux Loix, qui n'ont été données que dans la vue de procurer la plus grande tranquillité et les plus grands avantages possibles aux hommes qui vivent sous leur garde.

43. — Pour que les Loix puissent être inviolablement suivies, il faudrait qu'elles fussent si bonnes, et qu'elles continssent des moyens si justes de parvenir au bien suprême, que chacun fût indubitablement convaincu qu'il est obligé, pour son propre avantage, d'observer inviolablement ces Loix.

44. — C'est là le plus haut point de perfection et celui qu'il faut s'efforcer d'atteindre.

Art. 39

Cette définition est incomplette ; ce n'est pas assez pour la *Liberté politique* que le citoyen soit à couvert de l'injure du citoyen ; il faut que le sujet soit à L'abri de l'injure du Souverain, et que la société n'ait rien à craindre de ce dernier, ce qui ne peut être si le Souverain n'abdique pas une portion de son pouvoir ; ce qui ne sera que momentané, s'il ne prend pas toutes les précautions imaginables pour que cette abdication ne soit pas révoquée par quelqu'un de ses successeurs insensé et tiran.

Mais quelle est cette portion d'autorité qu'il doit abdiquer ? En quoi consiste-t-elle ? Qui doit en être dépositaire ? C'est un corps représentant la nation qui doit en être dépositaire. Quelle doit être la prérogative de ce corps ? De réviser, d'approuver ou désapprouver les volontés du Souverain, et de les notifier au peuple. Qui doit composer ce corps ? Les grands propriétaires. Comment donner quelque force à ce corps ? C'est l'affaire du temps, de la considération publique, de sa propre constitution, de ses reglemens, de la sanction donnée à ces reglemens, du serment des membres de ce corps, de l'inamovibilité de ces membres, du privilège de les nommer, de se réserver exclusivement au Souverain, etc., etc...

Si le Souverain veut sincèrement se lier lui-même et lier ses successeurs, il en trouvera bien le moyen.

45. — Plusieurs choses gouvernent les hommes : la Religion, le Climat, les Loix, les maximes du Gouvernement, les exemples des choses passées, les Mœurs, les Coutumes.

46. — D'où se forme un esprit général qui en résulte, par exemple :

47. — La Nature et le Climat dominent presque seuls les Sauvages.

48. — Les coutumes gouvernent les Chinois.

49. — Les Loix tirannisent le Japon.

50. — Les Mœurs donnoient autrefois le ton dans Lacédémone.

51. — Les maximes du Gouvernement et les mœurs anciennes le donnoient dans Rome.

52. — Les divers caractères des nations sont mêlés de vertus et de vices, de bonnes et de mauvaises qualités.

53. — Les heureux mélanges sont ceux dont il résulte de grands biens, que souvent même on ne soupçonneroit pas devoir en provenir.

54. — Je citerai, pour prouver ce que j'avance, quelques exemples des différents effets de ce mélange. La bonne foi des Espagnols a été fameuse dans tous les tems. L'Histoire nous parle de leur fidélité à garder les dépôts ; ils ont souvent souffert la mort pour les tenir secrets. Cette fidélité qu'ils avoient autrefois, ils l'ont encore aujourd'hui. Toutes les Nations qui commercent à Cadix confient leurs biens aux Espagnols ; elles ne s'en sont jamais repenties. Mais cette qualité admirable, jointe à leur paresse, forme un mélange dont il résulte des effets qui leur sont pernicieux : les peuples de l'Europe font sous leurs yeux tout le commerce de leur Monarchie.

55. — Le caractère des Chinois forme un autre mélange qui est en contraste avec le caractère des Espagnols. Leur vie précaire (par la nature du climat et du terrein) fait qu'ils ont une activité prodigieuse et un désir

---

CHAPITRE VI

Art. 52 et 53

J'ai bien de la peine à croire que le Climat n'ait pas une grande influence sur le caractère des nations, que l'Américain que la chaleur accable puisse avoir le même caractère que l'habitant du Nord que le froid endurcit ; qu'un peuple qui vit au milieu des glaces puisse jouir de la même gaieté qu'un peuple qui se promène presque toute l'année dans un parterre. Croyez-vous que les paysans d'une contrée qui a huit mois d'hyver puissent ressembler aux paysans d'une contrée qui en a à peine deux ou trois et fort doux, cette cause permanente produira son effet sur tout, sans en excepter les productions des arts ; sur le régime, sur les mets, sur les goûts, sur les amusemens, etc...

Art. 55

Cette infidélité reconnue, c'est cette activité, je crois, qu'il faut dire.

si excessif du gain, qu'aucune Nation commerçante ne peut se fier à eux. Cette infidélité rconnue leur a conservé le commerce du Japon. Aucun Négociant d'Europe n'a osé risquer de le faire sous leur nom, quelque facilité qu'il y eut à l'entreprendre par leurs provinces maritimes.

56. — Je n'ai point dit ceci pour diminuer rien de la distance infinie qu'il y a entre les vices et les vertus : à Dieu ne plaise ! J'ai seulement voulu faire comprendre que tous les vices politiques ne sont pas des vices moraux et que tous les vices moraux ne sont pas des vices politiques ; et c'est ce que ne doivent point ignorer ceux qui font des Loix, afin de n'en point faire qui choquent l'esprit général de la Nation.

57. — C'est à la Législature à suivre l'esprit de la Nation. Nous ne faisons rien de mieux que ce que nous faisons librement, sans contrainte et en suivant notre inclination naturelle.

58. — Pour introduire de meilleures Loix, il est nécessaire que les esprits y soient préparés ; mais que ceci ne serve pas de prétexte pour ne pas établir ce qu'il y auroit de plus utile ; car si les esprits ne sont pas préparés, prenez la peine de les préparer, et vous aurés déjà beaucoup fait.

59. — Les Loix sont des institutions particulières et précises du Législateur ; les mœurs et les coutumes, des institutions de la Nation en général.

Art. 57

C'est à la Législation à suivre l'esprit de la nation. Je ne crois pas cela ; c'est à la Législation à faire l'esprit de la nation. Je sais bien que Solon suivit l'esprit de sa nation, mais Solon n'étoit pas despote mais Solon n'avoit pas affaire à un peuple serf et barbare. Quand on peut tout et qu'il n'y a rien de fait, il ne faut pas s'en tenir aux meilleures Loix qu'un peuple peut recevoir ; il faut lui donner les meilleures Loix possibles.

Art. 58

Les Loix font des institutions particulières et précises du Législateur. La nature a fait toutes les bonnes Loix, c'est le Législateur qui les publie. Je dirois volontiers aux Souverains : si vous voulez que vos Loix soient observées, qu'elles ne contrarient jamais la nature ; je dirois aux prêtres : que votre morale ne s'oppose pas aux plaisirs innocens. Tonnez, menacez les uns et les autres tant qu'il vous plaira, ouvrez à nos yeux des cachots, les enfers sous nos pas ; vous n'étoufferez pas en moi le vœu d'être heureux, je veux être heureux, est le premier article d'un code antérieur à toute Législation, à tout système religieux.

CHAPITRE VII

Art. 59

Plus les Peuples communiquent entre eux, plus ils changent leurs coutumes, et c'est la raison pour laquelle les Chinois ne sortent point

60. — Ainsi quand on trouve qu'il est nécessaire de faire de petits changemens dans une Nation, pour son plus grand bien, il faut réformer par des Loix, et changer par des coutumes, ce qui est établi par des coutumes. C'est une très mauvaise politique de vouloir changer par des Loix ce qui doit être changé par des coutumes.

61. — Il y a des moyens pour empêcher les crimes ; ce sont les peines : il y en a pour faire changer les coutumes ; ce sont les exemples.

62. — Outre cela, plus les peuples communiquent les uns avec les autres plus ils changent aisément leurs coutumes.

---

et ne laissent point entrer. Font-ils bien ? Font-ils mal ? Il est sûr que ceux des Russes qui ont voyagé ont apporté dans leur patrie la folie des nations qu'ils ont parcouru, rien de leur sagesse ; tous leurs vices, aucune de leurs vertus, et je crois que les voyages comme les font aujourd'hui nos jeunes seigneurs corrompent plus de jeunes gens qu'ils n'en instruisent.

ART. 60

Il semble que dans cet article on rende les mœurs indépendantes des Loix.

Je crois que les mœurs sont des conséquences des Loix ; un peuple sauvage a des mœurs lorsqu'on y observe les loix naturelles, l'humanité, la douceur, la bienfaisance, la fidélité, la bonne foi, etc... un peuple policé a des mœurs, lorsqu'on y observe généralement les Loix naturelles et civiles.

Les mœurs sont bonnes lorsque les lois observées sont mauvaises. Il n'y a point de mœurs lorsque les Loix bonnes ou mauvaises ne sont point observées!

Si l'on y regarde de près, on verra que la distinction des mœurs des grands et du peuple part de la même Source. Les mœurs du peuple quand elles sont bonnes, ce sont celles du Sauvage quand il est bon. Les mœurs des grands sont les mœurs d'un peuple policé quand il est méchant. Les autres différences tiennent à la Grossièreté et à la politesse.

ART. 61

Le Pr G [1] regarde les Loix civiles, politiques et criminelles et non pas les Loix naturelles. Donc les premières ne sont pas des conséquences essentielles de celles-ci, donc elles sont variables.

ART. 62

Il y a des moyens pour empêcher les crimes, sans doute ;
1° en n'en créant point d'imaginaires ;
2° en rendant les hommes heureux ;

63. — En un mot, toute peine qui ne dérive pas de la nécessité est tiranique. La Loi n'est pas un pur acte de puissance ; les choses indifférentes par leur nature ne sont pas de son ressort.

CHAPITRE VII

64. — Des Loix en particulier.

65. — Les Loix extrêmes dans le bien font naître le mal extrême.

66. — Toutes les Loix portées par le Législateur à l'excès, on trouve moyen de les éluder. La modération gouverne les hommes et non pas les excès.

67. — C'est le triomphe de la liberté civile, lorsque les Loix criminelles tirent chaque peine de la nature particulière de chaque crime. Alors tout l'arbitraire cesse ; la peine ne descend point du caprice du Législateur, mais de la nature de la chose, et ce n'est point l'homme qui fait violence à l'homme, mais la propre action de l'homme.

68. — Il y a quatre espèces de crimes.

69. — Ceux de la première espèce choquent la Religion.

70. — Ceux de la seconde, les Mœurs.

71. — Ceux de la troisième, le repos et la tranquillité.

72. — Ceux de la quatrième, la sûreté des Citoyens.

73. — Les peines qu'on inflige doivent dériver de la nature de chacun des ces crimes.

74. — (1) Je ne mets dans la classe des crimes qui intéressent la Religion que ceux qui l'attaquent directement, comme font les sacrilèges réels et manifestés. Car les crimes qui en troublent l'exercice sont de la nature de ceux qui choquent la tranquillité des citoyens ou leur sûreté ; ils doivent être renvoyés à ces classes. Pour que la peine des sacrilèges, tels que nous les avons définis, soit tirée de la nature de la chose, elle doit consister dans la privation de tous les avantages que donne la Religion : l'expulsion hors des Temples, la privation de la Société des fidèles pour un temps ou pour toujours, l'éloignement de leur présence.

3° en les éclairant sur leurs intérêts ;

4° en empêchant la paresse ;

5° en modérant les Loix criminelles ;

6° en condamnant le criminel à réparer le mal qu'il a fait à la société par son crime. Le vrai châtiment d'un assassin, c'est d'être étalon.

Art. 71

Le ressentiment est l'unique loi de la nature. La loi sociale a pris sa place. Le ressentiment varioit selon le caractère de l'offensé. La loi civile oublie le ressentiment et ne pèse que la nature de l'offense ; en s'assujetissant à la loi, l'indulgent est devenu vindicatif, et le vindicatif indulgent.

75. — Il est d'usage aussi d'y employer les peines civiles.

76. — (2) La seconde Classe est des crimes qui sont contre les mœurs.

77. — Tels sont la violation de la continence, publique ou particulière, c'est-à-dire de la police sur la manière dont on doit jouir des plaisirs attachés à l'usage des sens et à l'union des corps. Les peines de ces crimes doivent encore être tirées de la nature des choses. La privation des avantages que la société a attachés à la pureté des mœurs, les amendes, la honte, la nécessité de se cacher, l'infamie publique, l'expulsion hors de la ville et de la Société ; enfin, toutes les peines qui sont de la Juridiction correctionnelle suffisent pour réprimer la témérité des deux sexes. En effet, ces choses sont moins fondées sur la méchanceté que sur l'oubli ou le mépris de soi-même. Il n'est ici question que des crimes qui intéressent uniquement les mœurs ; non de ceux qui choquent aussi la sûreté publique, tels que l'enlèvement et le viol, qui sont de la quatrième espèce.

78. — (3) Les crimes de la troisième Classe sont ceux qui choquent la tranquilité des Citoyens, et les peines en doivent être tirées de la nature de la chose et se rapporter à cette tranquilité : comme la privation de cette même tranquilité, l'exil, les corrections et autres peines qui ramènent les esprits inquiets et les font rentrer dans l'ordre établi. Je restreins les crimes contre la tranquilité aux choses qui contiennent une simple lésion de police.

79. — Car ceux qui, troublant la tranquilité, attaquent en même tems la sûreté, doivent être mis dans la quatrième Classe.

(4) Les peines de ces derniers crimes sont ce qu'on appelle supplices ; c'est une espèce de Talion, qui fait que la Société refuse la sûreté à un Citoyen.

Art. 75

Il est d'usage de punir l'impiété par des peines civiles. Il paroit que L'Jmpératrice incline à en borner le châtiment à l'excommunication, et elle a raison.

Art. 77

Il faut prévenir les actions contraires à la continence et aux bonnes mœurs ; mais il ne faut pas les châtier. La peine de l'infamie surtout seroit d'une atrocité folle. La loi contre L'adultère publiée partout est tombée partout en désuétude. La meilleure précaution est celle de diminuer le nombre des Célibataires ; et l'on diminue le nombre des Célibataires par l'aisance générale.

Art. 79

Il m'a semblé que les hommes, en général, risquoient plus volontiers leur honneur que leur vie, et leur vie que leur fortune. L'honneur n'est le ressort que d'un petit nombre d'hommes, et la vie n'est rien, si elle n'est heureuse ; en conséquence de toutes les peines afflictives, les peines pécuniaires devroient être les plus fréquentes. Rarement

qui en a privé, ou qui a voulu en priver un autre. Cette peine est tirée de la nature de la chose, puisée dans la raison et dans les sources du bien et du mal. Un Citoyen mérite la mort lorsqu'il a violé la sûreté au point qu'il a ôté la vie, ou qu'il a entrepris de l'ôter à son semblable. La peine de mort est comme le remède de la Société malade. Lorsqu'on viole la sûreté à l'égard des biens, il peut y avoir des raisons pour que la peine ne soit pas capitale : il vaudroit mieux, et il seroit plus dans la nature, que la peine des crimes contre le sûreté des biens fût punie par la perte des biens ; et cela devroit être ainsi, si les fortunes étoient communes ou égales. Mais comme ce sont ceux qui n'ont point de biens qui attaquent plus volontiers celui des autres, il a fallu que la peine corporelle suppléât à la pécuniaire. Tout ce que j'ai dit est puisé dans la nature des choses, et est très favorable à la liberté du Citoyen.

---

des peines infamantes. L'infâme est condamné à la méchanceté; peu de peines capitales ; parce qu'un homme a été tué, il n'en faut pas tuer un second ; l'assassin qui est mort n'est plus bon à rien ; et il y a tant de travaux publics auxquels il peut être condamné ! Beaucoup de peines pécuniaires dont partie serait applicable à l'offensé.

Le bannissement me semble une infraction au droit des gens. C'est introduire un malfaiteur dans la maison de son voisin, l'envoyer faire le mal ailleurs que chez soi.

Il me semble qu'il faudroit fixer un tems, passé lequel certains crimes, sinon tous, comme le vol, recherchés pour la réparation du tort commis, ne seroient point châtiés. Question. Un homme à l'âge de 19 à 20 ans est complice d'un crime ; il se marie, il a des enfants, il exerce un métier ou fait un commerce. Il est honnête dans son commerce ; il est bon père, bon époux, bon voisin, bon citoyen ; sa bonne conduite est notoire ; au bout de 18 à 19 ans ses anciens camarades de forfait sont pris, ils le dénoncent ; la justice ira-t-elle saisir cet homme-là chez lui ; l'arracher à son état, à sa femme, à ses enfans, le traîner dans un cachot et du cachot au supplice ? Sera-t-il jugé sur un instant malheureux de sa vie ? Y a-t-il un citoyen avec lequel la Loi ne s'abonnât point une infraction, si elle étoit sûre qu'on sera fidèle à l'abonnement ? Je demande si dans ce cas, qui n'est pas rare, car je l'ai vu arriver deux fois, la loi après avoir pris connaissance exacte de la vie et des mœurs de l'accusé depuis le crime commis, ne doit pas laisser tranquille le citoyen chez lui, et je ne dis pas lui remettre le châtiment, mais même ménager sa réputation.

Ceci me conduit à une autre question, c'est de savoir si la Loi civile ne doit pas avoir des articles secrets, qui tempèrent sa sévérité, qui la restraignent en lui laissant tout son effroi. Je préférerais l'inadvertance secrette de la Loi à la promulgation publique de la

CHAPITRE VIII

80. — Des peines.

grace. La promulgation publique de la grace est une contradiction formelle au but du châtiment. La grace montre toujours un être au-dessus de La Loi qui doit être sans exception au-dessus de tous; aussi n'est-il pas question de grace dans l'instruction, c'est un premier article secret.

La Loi qui retranche de la société un membre pervers qui s'est amendé de lui-même ressembleroit à un chirurgien qui amputeroit un membre à un malade par la raison que ce membre fût autrefois malsain. Je suis la comparaison de l'institution qui dit que la peine de mort est comme le remède de la société malade.

La confiscation des biens, pour quelque crime que ce soit, excepté le cas où un citoyen est tellement isolé que personne n'a droit à sa succession, me paroît une injustice, c'est prendre le bien d'autrui, c'est punir l'enfant de la faute du père, c'est ruiner une famille innocente ; pourquoi condamner à la misère ceux qui n'ont point failli ?

Je n'ai pas mémoire d'avoir lu dans l'institution un seul article où il fut question du serment. Exiger d'un coupable le serment de dire la vérité, c'est un moyen sûr d'ajouter le parjure au crime commis. S'il ne faut pas L'exiger des accusés, peut-être en est-il autrement des accusateurs. Celui des Anglois est beau: *jurez de dire la vérité, toute vérité, et rien que vérité.*

Art. 80

L'amour de la patrie est un ressort momentané qui ne dure gueres après le péril de la société.

La honte et la crainte du blame, freins d'un petit nombre d'âmes honnêtes, ne formeront jamais l'esprit et les mœurs d'une grande nation. Il faut remplacer ces moyens par la liberté et la sureté des personnes, des propriétés, par le bonheur: que la peine d'une mauvaise action ne soit pas d'en être convaincu, mais que la mauvaise action reste rarement sans châtiment, c'est-à-dire qu'elle se châtie par elle-même, ce qui arrivera toujours si le bien et le mal de la société se lient indivisiblement avec le bien et le mal de ceux qui la composent.

Il n'y a de mœurs générales constantes que celles qui ont la législation pour base.

C'est surtout la portion criminelle du code, qui sans cesser d'être une conséquence de la loi naturelle, souffre et doit souffrir de fréquentes corrections.

81. — L'amour de la patrie, la honte et la crainte du blâme sont des motifs réprimans et qui peuvent arrêter bien des crimes.

82. — Dans un gouvernement modéré, la plus grande peine d'une mauvaise action sera d'en être convaincu. Les Loix civiles y corrigeront donc plus aisément, et n'auront pas besoin de tant de rigueur.

83. — Dans ces États, on s'attachera moins à punir les crimes qu'à les prévenir : on s'appliquera plus à donner des mœurs qu'à humilier les esprits en infligeant des supplices.

84. — En un mot, tout ce que la Loi appelle une peine est effectivement une peine.

85. — L'Expérience a fait remarquer que, dans les Païs où les peines sont douces, l'esprit du Citoyen en est frappé comme il l'est ailleurs par les grandes.

86. — Quelque inconvénient se fait-il sentir dans un État ? Un gouvernement violent veut soudain le corriger : au lieu de songer à faire exécuter les anciennes Loix, on établit une peine cruelle qui arrête le mal sur-le-champ. L'imagination se fait à cette grande peine comme elle s'était faite à la moindre ; et comme on diminue la crainte pour celle-ci, l'on est bientôt forcé d'établir l'autre dans tous les cas.

87. — Il ne faut point mener les hommes par les voies extrêmes ; on doit être ménagé des moïens que la nature nous donne pour les conduire au but qu'on se propose.

88. — Qu'on examine la cause de tous les relâchements ; on verra qu'elle vient de l'impunité des crimes et non de la modération des peines. Suivons la nature, qui a donné aux hommes la honte comme un fléau, et que la plus grande partie de la peine soit l'infamie de la souffrir.

89. — Que s'il se trouve des Païs où la honte ne soit pas une suite du Supplice, cela vient de la tyrannie qui a infligé les mêmes peines aux scélérats et aux gens de bien.

90. — Et si vous en voïez d'autres, où les hommes ne sont retenus que par des Supplices cruels, comptés encore que cela vient en grande partie de la violence du gouvernement, qui a emploïé ces Supplices pour des fautes légères.

Les circonstances doivent souvent faire varier les rapports des délits aux peines, parce qu'elles font varier la nature des délits.

Il y a des crimes Epidémiques ; un grand Législateur en trouvera la cause et le remède, comme un grand médecin trouvera la cause et le remède des maladies du même genre.

Art. 81

Il est impossible d'aimer une patrie qui ne nous aime pas. Il est impossible que le patriotisme qui n'est pas fondé sur le bonheur, ne s'éteigne pas.

91. — Souvent un Législateur, qui veut corriger un mal, ne songe qu'à cette correction; ses yeux ne sont ouverts que sur cet objet, et fermés sur les inconvéniens. Lorsque le mal est une fois corrigé, on ne voit plus que la dureté du Législateur : mais il reste un vice dans l'État, que cette dureté a produit ; les esprits sont corrompus ; ils se sont accoutumés à la violence.

92. — Les Relations nous disent, au sujet de l'Éducation des Japonnois, qu'il faut traiter les Enfans avec douceur, parce qu'ils s'obstinent contre les peines ; que les Esclaves ne doivent point être trop rudement traités, parce qu'ils se mettent d'abord en défense. Par l'esprit qui doit régner dans le gouvernement domestique, n'auroit-on pas pu juger de celui qu'on devoit porter dans le gouvernement politique et civil.

93. — Il reste encore un moyen de ramener les esprits corrompus, savoir, par des maximes de Religion, de Philosophie et de Morale, choisies et assorties à ces caractères ; par un juste tempérament de peines et de récompenses ; par la juste application des règles de l'honneur ; par les châtimens qui emportent infamie ; par la jouissance d'un bonheur constant et d'une douce tranquilité. Et si l'on avoit à craindre que les esprits accoutumés à n'être arrêtés que par une peine cruelle ne pussent plus l'être par une plus douce, il faudroit agir (remarquez bien ceci, comme une maxime de pratique dans le cas où les esprits ont été gâtés par des peines trop rigoureuses, il faudroit, dis-je, procéder par des moyens couverts et imperceptibles ; il faudroit, dans les cas particuliers les plus glaciables, modérer la peine du crime, jusqu'à ce qu'on fût parvenu à la modérer dans tous les cas.

94. — C'est un grand mal de faire subir la même peine à celui qui vole sur un grand chemin et à celui qui assassine. Il est visible que, pour la sûreté publique, il faudroit mettre quelque différence dans la peine.

95. — Il y a un Païs où l'on n'assassine point, parce que les voleurs peuvent espérer d'être transportés dans les Colonies, non pas les assassins.

96. — De bonnes Loix prennent un juste milieu : elles n'ordonnent pas toujours des peines pécuniaires, elles n'infligent pas toujours des peines corporelles.

Toutes peines qui mutilent ou défigurent le corps humain doivent être abrogées.

CHAPITRE IX

97. — DE LA MANIÈRE DE JUGER EN GÉNÉRAL.

ART. 93

Je hais les peines infamantes ; en déshonorant l'homme, elles le condamnent, le dévouent au crime. Il faut ou chasser l'infamie de ses États, ou la priver toujours de la Liberté, en L'enchaînant aux travaux publics.

98. — Le pouvoir du Juge doit se borner à la seule exécution des Loix, afin que la liberté et la sûreté du Citoyen ne soyent pas douteuses.

99. — C'est pour cela que Pierre le Grand a très-sagement établi un Sénat, des Collèges et des Tribunaux inférieurs, qui jugent au nom du Souverain et selon les Loix, et que l'appel au Souverain est rendu si difficile : Loi qui doit être maintenue irrévocablement.

100. — *Il faut donc des Tribunaux*

101. — Ces tribunaux donnent des décisions; elles doivent être conservées; elles doivent être apprises, pour que l'on y juge aujourd'hui comme on y jugea hier, et que la propriété et la vie des Citoyens y soient assurées et fixes comme la constitution même de l'État.

102. — Dans un État Monarchique, l'administration de la Justice, qui ne décide pas seulement de la vie et des biens, mais aussi de l'honneur des Citoyens, exige des recherches scrupuleuses.

CHAPITRE VIII

Art. 98

Mais si la puissance législative et la puissance exécutrice ne peuvent être séparées, sans causer de la confusion, il s'ensuit, de deux choses l'une, ou qu'il faut se soumettre au despotisme, ou qu'il n'y a de bon Gouvernement que le démocratique.

Je pense que ces deux puissances doivent être séparées de la magistrature, parce que l'expérience a démontré deux choses : que, quand le magistrat s'occupe des affaires d'administration, il néglige celles des particuliers ; et que, quand le législateur ne se conduit pas au gré du magistrat, celui-ci s'en venge en cessant ses fonctions de magistrat.

CHAPITRE IX

Art. 101

Les décisions des tribunaux ne devroient jamais être imprimées. Elles forment à la longue une contre-autorité à la Loi. Les commentateurs des livres saints ont fait mille hérésies. Les commentateurs des Lois les ont étouffées ; point d'autre autorité ou moyen de déffense devant les tribunaux que la loi et la Raison ou justice naturelle. La sentence rendue ou exécutée, la décision du tribunal rentre dans le néant, il faut deffendre de la citer. Si le tribunal s'est trompé, c'est le solliciter par la citation de la sentence à commettre derechef la même injustice ; interdire toute citation d'arrêt.

Art. 102

Il me semble qu'il y a deux sortes d'honneurs qui ne se séparent

103. — Le Juge doit entrer dans un détail d'autant plus grand qu'il y a un plus grand dépôt, et qu'il prononce sur de plus grands intérêts. Il ne faut donc pas être étonné de trouver dans les Loix de ces États tant de règles, de restrictions, d'extensions, qui multiplient les cas particuliers, et semblent faire un art de la raison même.

104. — La différence de rang, d'origine, de condition, qui est établie dans le gouvernement Monarchique, entraîne souvent des distinctions dans la nature des biens, et des Loix relatives à la constitution de cet État peuvent encore augmenter le nombre de ces distinctions.

---

que trop fréquemment. On a l'honneur d'un militaire, et l'on n'est pas un homme d'honneur. Il y a l'honneur de l'homme, et l'honneur du métier ; tous sont jaloux de ce dernier.

Art. 103

Lorsque dans le Gouvernement monarchique, on aura anéanti tous les privilèges attachés à la différence des conditions, privilèges également nuisibles à l'égale soumission, à la Loi et à la juste répartition de l'impôt, le code sera bien simplifié.

Si la maxime : *diviser pour régner* est vraie, les privilèges accordés à certains états ont deux inconvénients : l'un à raison des titres exclusifs, l'autre comme appui du despotisme qui les accorde et qui les retire.

L'état démocratique peut être représenté par une grande multitude de boules à peu près égales posées sur un même plan et pressées les unes contre les autres ; le niveau est le même, mais la pression varie selon la masse des boules. Dans l'état Monarchique, les boules sont en pyramide ; la boule du sommet presse sur trois ou quatre qui forment le plan au-dessous d'elle ; ce plan presse sur un autre plan ; sous celui-ci en est un troisième ; et ainsi jusqu'à la base ou au dernier plan qui touche à la terre, et qui est écrasé du poids de tous les autres.

Dans les révolutions, si l'état est démocratique, les boules s'isolent ; si l'état est monarchique, la pyramide se renverse avec un fracas effroyable. Là, chacun tend à demeurer ferme sur son plan, et la boule du sommet reste tranquille à sa place.

Lorsque les boules sont horizontales, les secousses se font latéralement. Lorsqu'elles sont en pyramides, les secousses se font de bas en haut. Là, chacun veut avoir ses coudées franches. Ici chacun veut gagner le plan supérieur au sien. Là, l'émulation est d'occuper de la place ; ici, l'ambition est de s'élever. Là, il y a un centre ; ici, un sommet.

105. — Ainsi les biens sont propres, acquêts, dotaux, paternels et maternels, meubles, etc.

106. — Chaque sorte de bien est soumise à des règles particulières ; il faut les suivre pour en disposer, ce qui est encore de la simplicité.

107. — A mesure que les jugements des Tribunaux se multiplient dans les États Monarchiques, la Jurisprudence se charge de décisions, qui quelque fois se contredisent, ou parce que les Juges, qui se succèdent, pensent différemment, ou parce que les mêmes affaires sont tantôt bien, tantôt mal défendues, ou enfin par une infinité d'abus qui se glissent dans dans tout ce qui passe par la main des hommes.

108. — C'est un mal nécessaire, que le Législateur corrige de tems en tems, comme contraire même à un gouvernement modéré.

Art. 104 et 106

Cette distinction de conditions et de biens, reste d'un ancien Gouvernement vicieux, est chez certains peuples un obstacle éternel à une bonne Législation. Lorsqu'on a l'autorité souveraine et qu'on bâtit à neuf, il faut nétoyer L'aire de toutes ces décombres-là.

Art. 107 et 108

Il est évident que plus les objets d'administration se multiplient, plus il y a de tribunaux ; mais s'il arrive que la jurisprudence d'un tribunal soit en contradiction avec la jurisprudence d'un autre tribunal, c'est que l'instituteur de ces tribunaux n'avoit aucune regle fixe qui le déterminât. Si en créant ces tribunaux, il avoit toujours eu pour but la Liberté et la propriété, toutes les lois convergentes vers un même point ne se seroient point croisées ; ç'auroient été autant de routes diverses dirigées vers un centre commun.

Le principe secret de tous les désordres, c'est que, sans s'en douter, le Souverain égoïste se sépare toujours de sa nation. Il se croit en guerre avec elle. Heureux le moment où les Souverains sentiront que le bonheur de leurs sujets et leur sécurité, c'est une même chose. Ils ne nous tiendront plus dans un état de faiblesse, quand ils ne redouteront plus notre force. Il n'y a jamais que le malheureux ou l'opprimé qui se révolte.

Le terme du malheur ou de l'oppression est limité par la nature. Il est tracé dans le sillon du Laboureur. La terre redemande une portion. Celui qui la cultive en doit réserver une seconde pour lui. La troisième appartient au propriétaire. Je défie le despote le plus atroce d'enfreindre cette repartition sans condamner une portion de son peuple à mourir de faim ; voilà le moment de la révolte : j'ai pris l'agriculture pour exemple, parce qu'en dernier contrecoup, toute oppression revient sur la terre.

109. — Car quand on est obligé de recourir aux Tribunaux, il faut que cela vienne de la nature de la constitution, et non pas des contradictions et de l'incertitude des Loix.

110. — Dans les gouvernements où il y a des distinctions dans les personnes, il y a aussi des privilèges dont ces personnes jouissent en vertu des Loix. Un des privilèges les moins à charge à la Société, c'est de plaider devant un Tribunal plutôt que devant un autre. Voilà de nouveaux embarras, c'est-à-dire de savoir devant quel Tribunal il faut plaider.

111. — On entend dire souvent en Europe qu'il faudroit que la justice fût rendue comme en Turquie. Il n'y aura donc que les plus ignorans de tous les Peuples qui auront vu clair, dans la chose du monde qu'il importe le plus aux hommes de savoir.

Art. 110

Il y a un grand inconvénient à la multitude des tribunaux. Les conflits de juridiction : les procès doublés par les discussions en reglement de juges ; l'incertitude et les contradictions jntroduites avec le tems dans la jurisprudence ; rien n'est si commun d'entendre dire : si vous plaidez à tel tribunal, vous gagnez ; si vous plaidez à tel autre, vous perdez. Sans compter que peu à peu la procédure s'altère.

Art. 111

Tous ces articles me paroissent de la plus grande sagesse; plus on médite cet axiome: *Regina mundi forma*, plus on le trouve vrai; il est certain que plus la forme est simple, lorsqu'elle se concilie avec les droits de liberté et de propriété, meilleure elle est. Il ne l'est pas moins que cette conciliation doit la compliquer. Notre code de procédure passe pour un chef-d'œuvre et la raison de cette perfection, c'est qu'on n'en sauroit supprimer un acte sans inconvénient. Reste à savoir si la durée des procès n'est pas le plus grand de tous.

Vous permettez les Longueurs dans les procès criminels ; mais n'est-il pas bien cruel pour un innocent de garder la prison pendant des années ? Avez-vous pensé que cette longue détention le ruine souvent de fond en comble ? La loi qui punit le coupable n'accorde aucun dédommagement à l'innocent.

Il y a deux sortes de procès. Des procès d'audience, des procès de Rapport.

Les procès d'audience sont d'affaires sommaires, dont la décision est prompte.

Dans les procès de rapport, la décision sera toute aussi prompte, lorsque le rapporteur fera son devoir.

Une affaire soit d'audience, soit de rapport, est jugée au tribunal

112. — Si vous examinez les formalités de la justice, par rapport à la peine qu'a un Citoyen à se faire rendre son bien, ou à obtenir satisfaction de quelque outrage, vous en trouverez sans doute trop ; si vous les regardez dans le rapport qu'elles ont avec la liberté et la sûreté des Citoyens, vous en trouverez souvent trop peu, et vous verrez que les peines, les dépenses, les longueurs, les dangers de la Justice sont le prix que chaque Citoyen donne pour sa liberté.

113. — En Turquie, où l'on fait très peu d'attention à la fortune, à la vie et à l'honneur des sujets, on termine promptement, d'une façon ou d'une autre, toutes les disputes. La manière de les finir est indifférente pourvu qu'on finisse. Le Pacha, d'abord éclairci, fait distribuer à sa fan-

---

suprême, ou au tribunal subalterne provincial. Dans ce dernier cas, elle devient une affaire d'appel. Toute affaire d'appel doit être une affaire de rapport avec déffense aux parties de se déplacer.

Le premier juge envoye sur les Lieux la confirmation ou l'infirmation de la sentence du juge subalterne, et l'affaire est finie.

Le Souverain doit s'interdire toute évocation. L'évocation est une insulte faite au magistrat. Tout ce qui tient à l'exercice de la justice se réduit à trouver des magistrats intègres et éclairés.

La justice doit-elle ou ne doit-elle pas être gratuite ? C'est presque une question de mots ; elle se réduit à ceci : le salaire du juge doit-il aller de la poche du plaideur dans la main du Souverain, et de la main du Souverain dans la main du juge ; ou de la main du plaideur tout droit dans la main du juge ?

La mauvaise foi du plaideur est une des principales causes de la durée des Procès ; elle y fait autant et plus que la rapacité de l'homme de loi. Les autres causes de la durée des procès sont la suite de la procédure (point de remède à cette cause, car il faut une procédure quelconque) ; l'intérêt de l'huissier, du procureur et de l'avocat ; la mauvaise foi du plaideur ; la paresse ou l'iniquité du juge ?

Je ne sais si la procédure des Romains est compatible avec nos Législations modernes ; cette matière est bien plus compliquée qu'elle ne le paroît. Ce que je vois, c'est que ce sont toujours les fripons qui embarassent tout.

Qu'est-ce que la procédure ? C'est un enchaînement d'actes prescrits par la loi pour arriver à la sentence définitive d'une affaire. Pourquoi le législateur a-t-il prescrit cet enchaînement d'actes successifs ? Pour la sureté et la liberté du citoyen. Pourquoi ne pouroit-on pas supprimer un de ces actes ? C'est qu'il y auroit autant de procédures diverses que de procès, si l'on n'avoit pas pourvu à les assujetir tous à la même forme générale.

taisie des coups de bâtons sur la plante des piés des Plaideurs et les renvoye chés eux.

114. — Mais dans les États modérés, où la tête, les biens et l'honneur du moindre Citoyen est considérable, on ne lui ôte son honneur et ses biens qu'après un long et scrupuleux examen ; on ne le prive de la vie que lorsque la Patrie elle-même l'attaque ; et elle ne l'attaque qu'en lui laissant tous les moyens possibles de la défendre.

115. — Les formalités augmentent en raison du cas que l'on fait de l'honneur, de la fortune, de la vie et de la liberté des Citoyens.

116. — Un accusé doit être ouï, non seulement pour le fait dont il est accusé, mais encore pour se défendre. Il doit ou se défendre lui-même, ou choisir quelqu'un pour le défendre.

117. — Il y a des gens qui pensent que le plus jeune membre d'un Tribunal devroit être chargé de la défense de l'accusé, de même que l'Enseigne, par exemple, l'est dans une Compagnie. Il en résulteroit encore un autre avantage, c'est que les Juges se formeroient dans leurs fonctions.

Art. 115

On ne parle dans cet article que d'une sorte de *formes* et il y en a deux.

La première, dont il est ici question, concerne la procédure relative à l'institution des Loix. La seconde, dont on ne parle pas, consiste dans la procédure relative à leur exécution. C'est de cette dernière dont on dit souvent que *la forme emporte le fond*. Ce qui ne devroit jamais être.

Mais comme cette dernière forme n'est gueres moins respectable que la première, il me semble que la plus grande sévérité dont on pourroit user, ce seroit de casser la procédure et d'ordonner la reprise du procès aux dépens de celui qui a failli contre la forme ; encore faudroit-il que la forme eût été lezée dans un point très important.

Dans nos tribunaux la forme est de rigueur ; ce qui occasionne quelquefois la reprise d'un procès qui a duré de longues années, et la ruine du plaideur qui a raison. Celui qui use de la rigueur de la forme a presque toujours tort au fond.

Art. 117

La défense d'un accusé ne doit point être abandonnée à la jeunesse et à l'inexpérience. C'est un moyen sans doute de former des avocats, mais aux dépens des citoyens. Il faut que les jeunes gens écoutent longtems avant que de parler ; cela est bien autrement important lorsque leur décision décide de la vie, de l'honneur, de la fortune et de la Liberté d'un citoyen.

118. — Défendre ne signifie ici autre chose qu'alléguer en faveur de l'accusé tout ce qui peut le disculper.

119. — Les Loix qui condamnent un homme sur la déposition d'un seul témoin sont fatales à la liberté. Une loi du tems des successeurs de Constantin Ier veut que le témoignage d'un homme d'une certaine distinction suffise sans ouir d'autres témoins. C'étoit prendre un chemin bien court ; on jugeoit des affaires par les personnes, et des personnes par les dignités.

120. — La raison en exige deux, parce qu'un témoin qui affirme et un accusé qui nie font un partage ; il faut un tiers pour le vuider, à moins qu'il n'y ait d'ailleurs des convictions notoires, ou que tous deux s'en rapportent au témoignage d'un tiers.

121. — La déposition de deux témoins suffit dans la punition de tous les crimes. La Loi les croit comme s'ils parloient par la bouche de la vérité. Le Chapitre suivant rendra ceci plus clair.

122. — De même dans la pluspart des païs on juge que tout Enfant conçu pendant le mariage est légitime : la Loi a confiance dans la Mère ; on n'en fait mention ici qu'à cause que les Loix ne sont pas claires pour ce qui regarde ce cas.

123. — La Question est un usage qui répugne à la raison et que l'humanité exige qu'on abolisse. Nous voyons aujourd'hui une nation très bien policée la rejetter sans inconvénient. Elle n'est donc pas nécessaire par sa nature. Nous en parlerons ci-après plus amplement.

Art. 120

Il est bien difficile de fixer le nombre des témoins ; il y a tel homme dont j'estimerois plus le témoignage que celui de tout un peuple. Je crois qu'il faut peser la nature de l'action, le caractère de l'accusé et celui des accusateurs.

Ces Sauvages de l'isle de Madagascar ne sont pas trop sauvages dans leurs procédures criminelles. Ils sont unis en rond, chacun ayant devant soi un faisceau de baguettes ; voici l'usage qu'ils en font.

L'accusateur se présente et l'on met contre lui ou pour lui des baguettes. On en fait autant pour l'accusé ; ils comparoissent tous deux. L'accusateur allegue un moyen. On met des baguettes pour et contre ce moyen. L'accusé répond, et l'on met pour ou contre sa réponse des baguettes. L'accusation et la défense se poursuivent ainsi jusqu'à la fin ; ensuite le plus vieux des juges se lève et sort ; et son avis, qu'on ignore, quel qu'il soit, est apprécié par des baguettes, et ainsi de suite jusqu'au plus jeune. La même cérémonie se recommence en allant du plus jeune au plus vieux. Cela fait, on compte les baguettes pour et contre ; et l'accusateur est absous ou condamné. Je tiens ce fait d'un témoin oculaire, véridique, sage et éclairé, qui ne m'assuroit pas que ce fût un usage commun dans toute l'étendue de l'isle.

124. — Il y a des Loix qui n'admettent la Question que dans le Cas où l'Accusé ne veut s'avouer ni innocent ni coupable.

125. — Rendre le Serment trop commun, c'est en détruire la force. L'acte de baiser la croix ne doit être admis que dans les cas où celui qui prête serment n'y a point d'intérêt personnel, comme les Juges et les Témoins.

126. — Il faut que dans les grandes accusations le Criminel, concurremment avec la Loi, se choisisse des Juges ; ou du moins qu'il en puisse récuser un si grand nombre, que ceux qui restent soient censés être de son propre choix.

127. — Il faudroit même que quelques-uns des Juges fussent de la condition de l'accusé, ou de ses pairs, pour qu'il ne puisse pas se mettre dans l'esprit qu'il soit tombé entre les mains de gens portés à lui faire violence. Les Loix Militaires en fournissent déjà l'exemple.

128. — Quand un accusé est condamné, ce ne sont pas les Juges qui lui infligent la peine, c'est la Loi.

129. — Les jugemens doivent être, autant qu'il est possible, clairs et fixés à un tel point qu'ils ne soient jamais qu'un texte précis de la Loi. S'ils étoient une opinion particulière de Juge on vivrait dans la Société sans savoir précisément les engagemens que l'on y contracte.

130. — De là suivent différentes manières de former les Jugemens. Dans certains Païs, on enferme les Juges sans leur donner ni à boire ni à manger qu'ils n'aient prononcé un jugement unanime.

131. — Il y a des Monarchies où les Juges prennent la manière des arbitres ; ils délibèrent ensemble, ils se communiquent leurs pensées, ils se concilient ; on modifie son avis, pour le rendre conforme à celui d'un autre, et l'on tâche de réunir les suffrages.

132. — Les Romains n'accordoient que la demande précise, sans rien augmenter, diminuer ni modifier.

133. — Mais les Préteurs imaginèrent d'autres formules d'actions, qu'on appela de bonne foi où la manière de prononcer dépendoit plus des lumières et de l'intégrité du Juge.

134. — Celui qui demande plus qu'on ne lui doit est débouté de sa demande et condamné aux dépens. Il faudrait condamner aux dépens celui-là même à qui on demande plus qu'il ne doit, s'il n'a offert et consigné ce qu'il doit, afin que la bonne foi soit conservée de part et d'autre.

135. — Si on laisse aux Tribunaux chargés de l'exécution des Loix le droit d'emprisonner des Citoyens qui peuvent donner caution de leur conduite, il n'y a plus de liberté ; à moins qu'ils ne soient arrêtés pour répondre sans délai à une accusation que la Loi a rendue capitale ; auquel cas ils sont réellement libres, puisqu'ils ne sont soumis qu'à la puissance de la Loi.

136. — Mais si la puissance législative se croyoit en danger par quelque conjuration secrète contre l'État ou le Souverain, ou quelque intelligence avec les ennemis du dehors, elle pourroit, pour un tems limité, permettre à la puissance exécutrice de faire arrêter les Citoyens suspects, qui ne perdroient leur liberté pour un tems que pour la conserver pour toujours.

137. — Mais le plus sûr sera de fixer, par des Loix, les cas graves, pour lesquels la caution pour un Citoyen ne peut être acceptée ; car pour ceux qui ne trouvent pas de caution, les Loix dans tout païs les privent de la liberté aussi longtems que la sûreté publique ou particulière l'exige. Il sera traité plus en détail de ceci au Chapitre x.

138. — Quoique tous les crimes soient publics, il faut pourtant distinguer ceux qui intéressent plus les Citoyens entre eux de ceux qui intéressent plus l'État, dans le rapport qu'il a avec un Citoyen. Les premiers sont appelés privés, les seconds sont crimes publics.

139. — En certains Royaumes il y a une Loi qui veut que le Roi, établi pour faire exécuter les Loix, prépose un officier dans chaque Tribunal, pour poursuivre en son nom tous les crimes ; de sorte que la fonction des délateurs est inconnue dans ces païs ; et si ce vengeur public étoit soupçonné d'abuser de son ministère, on l'obligerait de nommer son dénonciateur. Cette partie publique veille pour le bien des citoïens ; elle agit, ils sont tranquilles. Chez nous, Pierre le Grand a prescrit aux procureurs de rechercher toute affaire sans partie ; si l'on y ajoutoit une magistrature pareille à celle que je viens de décrire, on entendroit moins parler de délateurs.

140. — C'étoit une mauvaise Loi que cette Loi Romaine qui permettoit aux Magistrats de prendre de petits présens, pourvu qu'ils ne passassent pas cent écus dans toute l'année. Ceux à qui on ne donne rien ne désirent rien, ceux à qui on donne un peu désirent bientôt un peu plus, et ensuite beaucoup. D'ailleurs il est plus aisé de convaincre celui qui, ne devant rien prendre, prend quelque chose, que celui qui prend plus, lorsqu'il devroit prendre moins, et qui trouve toujours pour cela des prétextes, des excuses, des causes et des raisons plausibles pour la défence.

141. — Une Loi Romaine veut qu'on ne confisque que dans le cas du crime de Leze-Majesté, et lorsque ce crime seroit, comme on l'appelle, au premier chef. Il seroit souvent très sage de suivre l'esprit de cette Loi, et de borner les confiscations à de certains crimes ; et il ne faudroit confisquer que les biens acquis.

CHAPITRE X

142. — De la forme des jugements criminels.

143. — Notre intention n'est pas ici d'entrer dans un examen étendu et d'entrer dans une division exacte des délits en différentes espèces, ainsi que des peines qui y sont attachées. Nous les avons partagés, ci-dessus, en quatre classes. Autrement la multitude et la variété de ces objets, et les diverses circonstances des tems et des lieux nous engageroient dans

---

Art. 139

Constituer un magistrat à la poursuite des affaires sans partie, à moins que l'affaire ne soit criminelle et capitale, me paroît bien dangereux. Ce magistrat peut devenir le tyran et le fléau de ses concitoyens. La menace d'un procès est bien effrayante.

un détail immense. Il suffira d'indiquer ici : 1° les principes les plus généraux et 2° les erreurs les plus funestes.

144. — Question I. — Quelle est l'origine des peines, et quel est le fondement du droit de punir ?

145. — On peut appeler les Loix les moyens qui réunissent et contiennent les hommes en société, et sans lesquels la société se détruiroit.

146. — Mais il ne suffisoit pas d'établir ces moyens qui en deviennent le gage, il falloit aussi les assurer ; l'on établit des peines contre les infracteurs.

147. — Toute peine est injuste, aussitôt qu'elle n'est pas nécessaire à la conservation de ce dépôt.

148. — La première conséquence de ces principes est qu'il n'appartient qu'aux Loix seules de décerner la peine des crimes, et que le droit de faire les Loix pénales ne peut résider que dans le Législateur, comme représentant en sa personne toute la Société et réunissant en ses mains tout son pouvoir. Il suit encore de là que les Juges et les Tribunaux n'étant que partie de la Société ne peuvent avec justice, pas même sous prétexte du bien public, infliger à un autre membre de la Société une peine qui n'est pas décernée par la Loi.

CHAPITRE X

Art. 148

Le législateur comme représentant en sa personne toute la société, et réunissant en ses mains tout son pouvoir.

Catherine seconde n'a pas encore assez oublié dans son instruction qu'elle étoit Souveraine. On y rencontre des lignes où sans s'en appercevoir, elle reprend le sceptre qu'elle avoit déposé au commencement.

Dans aucun endroit elle n'a fait statuer à la nation sur la succession à l'empire, au cas que son fils vînt à décéder sans enfans. En faisant statuer sur ce cas important, elle en faisoit décider un autre : c'est la succession légale et légitime de son fils, de ses neveux et de ses arrière-neveux. Elle prevenoit un moment où la moitié de la nation peut être égorgée par l'autre. Elle renvoyoit le sceptre à la nation et faisoit ordonner la manière dont on avoit à procéder à l'élection d'un nouveau Roi, sous peine d'élection illégitime.

Elle n'a rien dit de l'impôt.

Elle n'a rien dit de la guerre et de l'entretien des armées. Tout peuple qui foit la guerre a un but. S'il a trop de peuple et pas assez d'espace, c'est de prendre de l'espace ; s'il a trop d'espace et pas assez de peuple, c'est de prendre des peuples.

Dans la guerre de la Russie avec la Prusse, si les Russes avoient bien fait quand ils furent à Berlin, c'étoit de déménager toute la

149. — La deuxième conséquence est que le souverain qui représente la Société même, et qui tient en ses mains tout le pouvoir nécessaire pour la défendre, peut seul faire la Loi pénale générale, à laquelle tous les membres sont soumis ; mais il doit s'abstenir, comme il est dit ci-dessus, § 99, de juger lui-même. Il est donc nécessaire qu'il ait d'autres personnes qui jugent selon les Loix.

---

capitale, hommes, femmes et enfans, ouvriers, manufactures, meubles, enfin de n'y laisser que les murs. Ce que je dis des Prussiens je le dis des Cosaques. Comme je me serois proposé ce déménagement, j'aurois veillé à ce qu'il se fit dans le plus bel ordre possible. et j'aurois répandu toute cette richesse dans mon empire. Cela eût été plus avantageux à la Russie et plus nuisible à la Prusse que dix victoires.

Mais, dira-t-on, c'est faire la guerre à la façon des barbares. Le sentiment de l'humanité s'éteint au moment où la guerre s'allume. Quoi, c'est une barbarie d'enlever les hommes et de les transplanter d'une contrée à l'autre,et ce n'en est pas une de les égorger sur un champ de bataille ? C'est une barbarie de s'enrichir, et ce n'en est pas une que de ruiner entièrement son ennemi et soi-même à moitié ?

Je n'en aurois pas fait des Esclaves; au contraire, j'avois besoin d'un tiers état, et il auroit été tout produit. J'avois besoin d'ouvriers en tous genres, et je m'en serois fourni. J'avois besoin d'hommes libres qui enseignassent à mes sujets le prix de la Liberté, et ils l'auroient connu.

Mais, ajoutera-t-on, il auroit beaucoup péri de ces captifs en chemin. Je n'en crois rien : si l'on s'étoit proposé cette expédition, il ne s'agissoit que de s'approvisionner de vivres et de tentes.

Mais ces hommes auroient été redemandés à la paix; quand on se met en campagne, on ne se propose pas de faire une paix honteuse.

L'Jmpératrice n'a rien dit de l'affranchissement des serfs. C'étoit pourtant un point très important. Veut-elle que sa nation dure dans l'esclavage ? Jgnore-t-elle qu'il n'y a ni vraie police, ni loix, ni population, ni agriculture, ni commerce, ni richesse, ni science, ni goût, ni art, où la liberté n'est pas ?

Elle n'a rien dit de l'éducation du successeur à l'empire. Pourquoi n'avoir pas fait statuer sur ce point ? N'a-t-elle pas senti que tout ce qu'elle pouvoit faire de bien en dépendoit ? Ce Souverain qui fait élever son successeur par la nation assure la couronne dans sa famille et un bon Roi à ses peuples.

Elle n'a rien dit de ses Établissemens, de ses maisons d'éducation, de la maison des filles, de l'école des cadets, nos enfans trouvés,

150. — Troisième conséquence : quand l'atrocité des peines ne seroit pas reprouvée par les vertus compatissantes pour l'humanité, c'est assez qu'elle soit inutile pour pouvoir être regardée comme injuste, et pour qu'on doive la rejetter.

151. — Quatrième conséquence : Les Juges des crimes, par la raison seule qu'ils ne sont pas Législateurs, ne peuvent avoir le droit d'interpréter les Loix pénales. Quel en sera donc l'interprète légitime ? Je réponds : c'est le Souverain, non le Juge, car le devoir du Juge est seulement d'examiner si un tel homme a fait ou non l'action contraire à la Loi ?

152. — Dans le jugement de toute espèce de délit, le Juge a un syllogisme ou raisonnement à faire, dont la première proposition, ou majeure, est la Loi générale ; la mineure exprime l'action conforme, ou contraire à la Loi ; la conséquence, l'absolution ou la peine de l'accusé. Si le Juge, de son chef, ou forcé par le vice des Loix, fait un syllogisme de plus dans une affaire criminelle, tout devient incertitude et obscurité.

153. — Il n'y a rien de plus dangereux que l'axiome commun : Il faut

---

des Caisses de dépôt ; il falloit rendre la nation garante de leur durée. Elle n'a rien dit des petites écoles pour le peuple, où je voudrais que les enfans trouvassent du pain et de l'instruction. Elle n'a rien dit des collèges publics. Elle n'a rien dit des droits de la Souveraineté. Voici l'ordre des matières d'une véritable institution : du choix d'un Gouvernement ; du Souverain ; de la Succession ; du Successeur à l'Empire et de son éducation ; de l'affranchissement ; des Loix civiles et criminelles ; de la Noblesse ; de la Guerre ; de la marine ; de la finance ; de la magistrature ; de l'État sacerdotal ; du commerce et de l'agriculture ; de la population ; de l'éducation publique, des petites Écoles, des Collèges ; des Établissements faits et à faire. Et L'ouvrage au lieu d'être un extrait seroit devenu un ouvrage original, une instruction de bonne foi, et pour former cet ouvrage original il falloit auprès de soi dix hommes de la première force.

Art. 152

Rien de plus dangereux que l'axiome commun: *Il faut prendre l'esprit de la loi et ne pas s'en tenir à la lettre. La lettre tue. L'esprit vivifie.* C'est-à-dire, en d'autres termes, que rien n'est plus difficile que d'avoir de bons magistrats. Je le pense, mais c'est à quoi il faut travailler et y travailler jusqu'à ce que l'axiome commun ne soit plus dangereux.

Art. 153

Ce paragraphe donne lieu à une question qui vaudroit bien la peine d'être résolue.

Jl n'y a aucune Loi qui puisse embrasser tous les cas possibles ;

prendre l'esprit de la Loi et ne pas s'en tenir à la Lettre. C'est rompre la digue qui s'oppose au torrent des opinions. Cette vérité est de la dernière évidence, quoiqu'elle semble un paradoxe aux esprits qui sont plus fortement frappés d'un petit désordre actuel que des conséquences éloignées, mais mille fois plus funestes, qu'entraîne un seul principe faux adopté par une nation. Chaque homme a sa manière particulière de voir les choses qui se présentent à son imagination. Nous verrions le sort d'un Citoïen changer par le transport de sa cause d'un Tribunal à l'autre, et sa vie et sa liberté à la merci d'un faux raisonnement, ou de la mauvaise humeur de son juge. Nous verrions les mêmes crimes punis différemment, en différens tems, par le même Tribunal, pour vouloir consulter, non la voix constante d'une Loi invariable, mais l'instabilité trompeuse des interprétations arbitraires.

---

aucune, qui sous peine de la plus criante injustice, soit également applicable à tous les coupables.

Il y a des circonstances que la Loi n'a point prévu, et dans les cas qu'elle a prévus, il y a des circonstances qui allegent ou qui aggravent le délit.

Ou l'on astreint le Magistrat à se conformer rigoureusement à la Loi, ou il lui est permis de tempérer, de modifier la Loi. Dans le premier cas on en fait une bête féroce ; dans le second on abandonne les Loix à l'arbitraire. Lorsque la circonstance n'a pas été prévue par le Législateur, le coupable s'échappe, et le Législateur est sans cesse occupé à réformer son code.

Exemple : un voleur de grand chemin s'approche d'un passant, et lui appliquant le bout de son fusil sur la poitrine, lui dit : voilà une arme excellente que vous me ferez plaisir d'acheter... Combien... Vingt Guinées. Voilà mon fusil... voilà les vingt guinées... L'acquéreur arme le fusil et se dispose à casser la tête à son vendeur qui lui dit : « Monsieur, ce que vous faites est inutile, il n'y a rien dans mon fusil. »

Si ce voleur est pris, faut-il le renvoyer absous et faire une Loi nouvelle qui défende de vendre des armes sur le grand chemin ? Je ne décide rien, je demande.

Je vois seulement qu'il est bien plus important d'avoir de bons juges que de bonnes Loix. *Quid proficiunt Leges, sine moribus* ? Les meilleures Loix sont vaines si le juge est mauvais, et les plus mauvaises Lois peuvent être rectifiées par de bons juges. Ainsi le premier soin du Législateur est de faire d'honnêtes gens ; et pour faire d'honnêtes gens, il faut commencer l'ouvrage par le commencement, par l'éducation de la jeunesse ; seul moyen de donner des mœurs ou de les réintégrer.

154. — On ne peut comparer à ces désordres les inconvénients qui peuvent naître de l'interprétation rigoureuse et littérale d'une Loi pénale. Ces inconvénients passagers obligent le Législateur quelque fois de faire un texte équivoque de la Loi des corrections faciles et nécessaires ; mais au moins y a-t-il alors un frein à cette licence d'expliquer et de raisonner, qui peut devenir funeste aux Citoyens.

155. — S'il n'est pas réglé que ces Loix doivent être suivies dans le sens strict et rigoureux de leurs expressions, et si on ne les entend pas au pied de la lettre ; si l'unique devoir du Juge n'est pas de décider que l'action est contraire ou conforme à la Loi écrite ; si la règle du juste et de l'injuste, qui doit diriger également les actions de l'ignorant et de l'homme instruit, n'est pas pour le juge une simple question de fait, l'état du Citoyen sera étrangement exposé.

156. —Avec des Loix pénales entendues toujours à la lettre, chacun peut calculer et connoître exactement les inconvénients d'une mauvaise action, ce qui est utile pour l'en détourner ; et les hommes jouissent de la sûreté de leurs personnes et de leurs biens, ce qui est juste, puisque c'est la fin sans laquelle la société se détruiroit.

157. — Si le droit d'interpréter les Loix est un mal, c'en est un aussi que leur obscurité qui entraîne la nécessité de l'interprétation. Cet inconvénient est bien plus grand encore si elles sont écrites dans une langue, où des expressions ignorées du peuple.

158. — Les Loix doivent être écrites en langue vulgaire ; et le code qui les renferme toutes doit devenir un livre familier, qu'on puisse se procurer à un prix modique, comme un ABC, autrement le Citoïen ne pouvant connoître par lui-même les suites de ses propres actions sur sa personne et sur sa liberté, demeurera dans la dépendance d'un certain nombre d'hommes qui

---

Art. 154

Qu'est-ce qu'un commentateur de Livres saints ? Un interprète de la loi divine. Qu'est-ce qu'un commentateur du code ? Un interprète de la loi civile. Point de ces interprètes. Il faudroit bruler toutes ces sortes d'ouvrages chez les nations policées ; et en empêcher la naissance chez les nations à policer. Les prêtres ont été bien plus adroits que les Souverains ; ils nous ont fait sucer les dogmes de la Religion avec le Lait.

Souverain, j'aurois ordonné le catéchisme de manière que les enfans y auroient appris en même temps que leurs devoirs religieux les devoirs moraux et civils avec la loi de Dieu, la Loi de l'homme, du citoyen et de l'État.

Art. 158 et 159

Il faudra donc prescrire que dans toutes les Écoles on se serve pour apprendre à lire aux enfans tantôt du catéchisme, tantôt du code.

Il seroit mieux que ce fût le même livre ; les Loix divines consa-

se seront rendus dépositaires et interprètes des Loix. Les crimes seront d'autant moins fréquens que le texte des Loix sera lu et entendu d'un plus grand nombre d'hommes. Il faudra donc prescrire que dans toutes les Ecoles on se serve, pour apprendre à lire aux enfants, tantôt de livres qui traitent de la Religion, tantôt de ceux qui contiennent les Loix.

159. — Question. Quelles règles doit-on suivre quand il s'agit de s'assurer de la personne d'un Citoyen et de parvenir à la découverte d'un délit et à la conviction des coupables ?

---

creroient les Loix civiles, ou celles-ci civiliseroient les lois sacrées, l'un et l'autre me convient également. Il en arriveroit une chose, c'est qu'on n'admettroit dans cet ouvrage de principes religieux que ce qui cadreroit avec les principes de la société, et cela sous peine de contradiction. Il n'y auroit plus qu'un code, celui de la nation, sur lequel les deux autres seroient calqués ; l'homme ne seroit plus dans le cas de les fouler alternativement aux piés, dans l'impossiblité d'y satisfaire en même tems, comme il arrive parmi nous ; vice qui fait qu'à la longue il n'y a plus ni homme, ni citoyen, ni dévot. Alors il n'y auroit plus d'inconvénient à ce qu'un enfant prît la Loi de la société pour la loi de Dieu, ou la loi de Dieu pour la Loi de société. Il est certain que ces idées s'associeroient si bien dans sa tête qu'il craindroit également de pecher contre l'une ou contre l'autre.

Quand on institue des Lois, il ne faut pas les mettre sous la sanction de la Religion ; c'est autre chose quand elles sont instituées ; c'est autre chose encore quand il s'agit d'en instruire les citoyens. Le prêtre me paroît très propre à cette fonction, pourvu qu'on ne lui permette aucun commentaire. Il est bon que dans les temples on prêche également la soumission à Dieu et à la société ; et que l'instruction ait la même solemnité.

J'ai lu que dans l'isle de Ternate, tout le culte se réduisoit à ce qui suit : il y avoit un temple ; au milieu de ce temple une pyramide. La porte du temple s'ouvroit à certains jours ; le peuple accouroit et se prosternoit devant la pyramide sur laquelle on lisoit : « Adore Dieu, aime ton prochain, et obéis à la Loi. » Le Prêtre, muet, montroit avec une baguette les mots écrits sur la pyramide. Cela fait, le peuple se relevoit, s'en alloit, les portes du temple se fermoient, et tout l'office divin étoit achevé. Si vous ne pouvez pas instituer la Religion simple de L'isle de Ternate, ayez-en le prêtre, coupez-lui la langue.

Je regarde les philosophes dans une société, quand ils y font leurs devoirs, comme les meilleurs déffenseurs du Souverain, quand il est bon. Ils sont dans leur cabinet comme ces seaux suspendus sous les vestibules de nos commissaires, tout prêts à verser de l'eau dans les incendies du fanatisme.

160. — C'est pécher contre la sûreté personnelle que de laisser le Magistrat, exécuteur des Loix, maître d'emprisonner un Citoyen, d'ôter la liberté à l'un, sous de frivoles prétextes, en laissant libre un autre, malgré les indices les plus forts.

161. — S'assurer de la personne de quelqu'un est une peine, qui diffère de toute autre en ce qu'elle précède nécessairement la déclaration juridique du délit.

162. — Mais elle ne peut être infligée à personne qu'il ne soit vraisemblable qu'elle a commis le délit.

163. — La Loi doit donc déterminer les indices sur lesquels on peut s'assurer de la personne de l'accusé, qui l'assujettissent à cette peine et aux interrogatoires qui sont eux-même une espèce de peine ; par exemple :

164. — La voix publique qui l'accuse, sa fuite, son aveu extrajudiciaire, la déposition d'un complice du crime, des menaces et une inimitié entre l'accusé et l'offensé, le corps du délit et d'autres indices semblables suffisent pour s'assurer de la personne d'un Citoyen.

165. — Mais ces preuves doivent être établies par la Loi et non par les Juges, dont les décrets sont toujours opposés à la liberté politique, lorsqu'ils ne sont pas une application particulière d'une maxime générale du Code public.

166. — A mesure que les prisons seront moins horribles, c'est-à-dire, lorsque la compassion et l'humanité descendront dans les cachots et pénétreront jusqu'au fond du cœur des Ministres de la Justice, les Loix pourront se contenter d'indices pour ordonner qu'on s'assure de la personne d'un Citoyen.

167. — Il y a différence entre détenir un homme et l'emprisonner.

168. — S'assurer de la personne n'est autre chose sinon retenir sous garde sûre la personne d'un Citoyen accusé, jusqu'à ce qu'il soit connu pour innocent ou pour coupable. La détention doit donc durer le moins, et être aussi douce qu'il est possible ; sa durée doit être déterminée par le tems nécessaire à l'instruction du procès. La rigueur de la simple détention ne peut-être que celle qui est nécessaire pour empêcher la fuite de l'accusé ou pour découvrir les preuves du délit. Le procès doit être fini dans le moins de tems qu'il est possible.

169. — Un homme qui a été détenu et ensuite absous ne doit être noté d'aucune infamie. Chez les Romains, combien voyons-nous de Citoyens

---

Art. 160

On prend ici les précautions convenables contre le despotisme du magistrat, mais on n'en prend aucune contre le despotisme du Souverain.

Art. 169

Il y a sans doute de la différence entre détenir ou emprisonner. Mais la détention et l'emprisonnement qui éloignent un citoyen de ses affaires lui sont également nuisibles. La société doit une indem-

accusés de crimes très graves, reconnus innocents, être respectés ensuite et élevés aux premières dignités.

170. — La prison est une suite de la sentence définitive et sert de punition.

171. — On ne doit point mettre dans le même endroit : 1° un accusé qui n'a contre lui que les apparences, 2° un criminel convaincu, et 3° un coupable que la sentence a condamné à la prison par punition. L'accusé n'est que détenu, les deux autres sont en prison : mais cette prison pour celui-là n'est qu'une partie de la punition ; pour celui-ci, c'est la punition même.

172. — Il ne faut pas considérer la simple détention comme une punition, mais seulement comme un moyen pour garder sûrement la personne de l'accusé, garde qui l'assure en même tems de la liberté, s'il est innocent.

173. — Les arrêts militaires ne déshonorent point un militaire. Il en doit être de même de la simple détention pour un bourgeois.

---

nité à l'homme innocent détenu, une indemnité plus forte à l'innocent emprisonné, une réparation publique à l'un et à l'autre. C'est une sorte de calomnie dont la cicatrice restera, si la loi néglige de l'effacer.

La prévention publique est en faveur de la Loi, et de l'autorité, contre le citoyen détenu ou emprisonné ; il est important et juste de la détruire.

Il est certain qu'en ne considérant la chose que du côté de l'intérêt de la société, il y a communément plus à craindre d'un méchant qu'à espérer d'un honnête homme, mais l'humanité veut qu'on s'expose plutôt à laisser échapper le crime qu'à faire périr l'innocence.

Un homme qui a été détenu et ensuite absous ne doit être noté d'aucune infamie. Cela ne suffit pas, lorsque sa détention a été préjudiciable à sa fortune, il doit être dédomagé ; c'est une dette de la société ; c'est la société publique qui a exigé sa détention ; c'est à l'équité publique à réparer le tort qu'on lui a fait.

On prononce la confiscation des biens du coupable ; on ne prononce aucune indemnité pour l'innocent. Quel plus raisonnable usage des biens confisqués que d'en départir une portion aux victimes des erreurs de La Loi.

L'innocence reconnue n'empêche pas la promotion aux grandes places. Nous sommes plus sévères et cette sévérité ne me paroît pas déplacée ; nous ne voulons pas seulement que la probité de nos magistrats ait jamais été suspectée. L'emprisonnement seul exclut parmi nous de plusieurs places publiques. Le Souverain peut prendre son ministre aux galères ; mais celui qui a passé sous le guichet du petit Chatelet ne peut aller soit à la justice consulaire, soit à l'Echevinage. La sentence personnelle de la police a le même effet.

174. — La simple détention se change en emprisonnement lorsque l'accusé est reconnu coupable. Il faut donc différents lieux pour chacun des trois.

175. — Voici un théorème général utile pour calculer la certitude du fait d'un crime, par exemple : lorsque les preuves du fait sont dépendantes les unes des autres, c'est-à-dire lorsque les indices ne se prouvent et ne se soutiennent que les uns par les autres ; lorsque la vérité de plusieurs preuves dépend de la vérité d'une foule, le nombre des preuves n'augmente ni ne diminue la probabilité du fait, parce qu'alors la force de toutes les preuves n'est que la force même de celles dont elles dépendent, et que si l'on renverse celle-ci, toutes tombent à la fois. Mais quand les preuves sont indépendantes l'une de l'autre et que chaque indice se prouve à part, la probabilité du fait croît en raison du nombre des indices, parce que la fausseté de l'un n'entraîne pas la fausseté de l'autre. On pourra s'étonner de Me voir employer le mot PROBABILITÉ en parlant des crimes qui, pour mériter une peine, doivent être certains. Mais il faut remarquer que la certitude morale est une probabilité, qui est appelée certitude, parce que tout homme en son bon sens est forcé d'en convenir.

176. — On peut distinguer deux sortes de preuves d'un crime : les preuves parfaites et les preuves imparfaites. J'appelle parfaites celles qui excluent la possibilité de l'innocence de l'accusé; imparfaites celles qui n'excluent pas cette possibilité. Une seule preuve parfaite suffit pour autoriser la condamnation.

177. — Quant aux preuves imparfaites, il en faut un nombre assez grand pour former une preuve parfaite, c'est-à-dire qu'il faut que la réunion de toutes ces preuves exclue la possibilité de l'innocence de l'accusé, quoique chacune de ces preuves par elle-même ne l'exclue pas. Ajoutons encore que les preuves imparfaites auxquelles l'accusé ne répond rien de satisfaisant, quoique son innocence dût lui fournir des moyens d'y répondre, deviennent en ce cas-là parfaites.

178. — Là où les Loix sont claires et précises, l'office du Juge ne consiste qu'à constater le fait.

179. — Dans la recherche des preuves d'un délit, il faut de l'adresse et de l'habileté ; il faut de la précision et de la clarté pour exprimer le résultat de cette recherche ; mais pour juger d'après ce résultat même, il ne faut que le simple bon sens, qui guidera plus sûrement que tout le savoir d'un Juge accoutumé à vouloir trouver partout des coupables.

180. — C'est donc une Loi très utile, là ou elle est établie, que celle qui prescrit que tout homme soit jugé par ses pairs, parce que lorsqu'il est question du sort d'un Citoyen, on doit imposer silence à tous les sentiments qu'inspirent la différence des rangs et des fortunes ; ils ne doivent point avoir lieu entre les Juges et l'accusé.

ART. 177

N'est-ce pas là une de ces circonstances où la Loi est nécessairement abandonnée à la discrétion du juge ? Un code exclut l'immensité des détails qui fixeroient les degrés de la probabilité.

181. — Mais quand le délit est l'offense d'un tiers, alors la moitié des Juges doit être prise parmi les pairs de l'accusé, et la moitié parmi ceux de l'offensé.

182. — Il est encore très juste qu'un accusé puisse récuser un certain nombre de ses Juges qui lui sont suspects. Dans une Nation où l'accusé jouit constamment de ce droit, le coupable paroitra se condamner lui-même.

183. — Les Jugements doivent être publiés, aussi bien que les preuves du crime, afin que chaque Citoïen puisse dire : je suis protégé par les Loix ; sentiment qui inspirera le courage, et qui est le plus flatteur et le plus utile pour un Souverain, qui entend ses véritables intérêts.

184. — C'est un point important dans toute Législation de déterminer exactement les principes d'où dépendent la crédibilité des témoins et la force des preuves du crime.

185. — Tout homme raisonnable, c'est-à-dire dont les idées ont une certaine liaison entre elles, et dont les sensations sont conformes à celles de ses semblables, peut rendre témoignage. Mais la croyance qui lui est due doit se mesurer sur l'intérêt qu'il a de dire ou de ne pas dire la vérité. Dans tous les cas, les témoins doivent être crus, lorsqu'ils n'ont aucun intérêt de mentir.

186. — Parmi les abus du langage, qui ont influé si fortement sur les affaires de ce monde, un des plus remarquables est celui qui a conduit les législateurs à déclarer nulle la déposition d'un coupable déjà condamné. Un tel homme est mort civilement, disent les Jurisconsultes, et un mort est incapable de toute action. Pourvu que les dépositions d'un coupable condamné ne retardent pas le cours de la Justice, pourquoi ne pas accorder, même après la condamnation, aux intérêts de la vérité et à la situation terrible du malheureux, un peu de tems encore, afin qu'il puisse se justifier lui-même ou d'autres accusés, s'il peut apporter des preuves nouvelles, qui changent la nature du fait.

187. — Les formes sont nécessaires dans l'administration de la Justice, mais elles ne doivent jamais être fixées par les Loix de manière qu'elles puissent être funestes à l'innocence, sans quoi elles entraîneroient les plus grands inconvénients.

188. — On peut donc admettre en témoignage toute personne qui n'a aucun intérêt de mentir. La crédibilité d'un témoin est donc plus ou moins

---

Art. 187

Notre procédure criminelle est une espèce d'inquisition. Il semble que le juge ait tâché de trouver un coupable, on ne dit point au prisonnier la cause de sa détention. On débute avec lui par des questions captieuses. On lui cache scrupuleusement les charges et informations. On ne lui confronte les témoins qu'à la dernière extrémité. J'appellerois volontiers cela l'art de faire et non de découvrir les coupables.

grande à proportion de la haine ou de l'amitié qu'il porte à l'accusé, et des autres relations plus ou moins étroites qu'ils ont ensemble.

189. — Un seul témoin ne suffit pas, parce que tant que l'accusé nie ce qu'un seul témoin affirme, il n'y a rien de certain, et le droit que chacun a d'être cru innocent prévaut.

190. — La crédibilité d'un témoin est d'autant moindre que le crime est plus atroce, ou les circonstances moins vraisemblables. Cette maxime trouve aussi son application dans les accusations de magie ou d'actionsgratuitement cruelles.

191. — Celui qui s'obstine à ne pas répondre dans l'interrogatoire qu'on lui fait subir mérite une peine qui doit être fixée par la Loi, et une peine des plus graves parmi celles qu'elle prononce, afin que les coupables n'évitent pas par là de donner au public l'exemple qu'ils lui doivent. Cette peine particulière n'est pas nécessaire lorsqu'il est hors de doute que l'accusé a commis le crime dont il s'agit ; parce qu'alors l'interrogatoire est inutile, comme l'aveu l'est, lors que d'autres preuves incontestables démontrent qu'il est coupable. Ce dernier cas est plus ordinaire, parce que l'expérience montre que dans la plus grande partie des procès criminels les coupables nient.

192. — Question III. — La Question ne blesse-t-elle pas la justice et conduit-elle au but que se proposent les Loix ?

Art. 190

Pourquoi avoir fait mention de crimes imaginaires ? Le sortilège et la magie ? cela est tout propre à persuader aux peuples qu'il y a des sorciers, tandis qu'il n'y a que des malfaiteurs. Dieu peut être L'objet d'un article de Législation, mais le Diable non.

Voici un cas tout nouvellement arrivé en Hollande ou une mauvaise loi en a entraîné une plus mauvaise encore ; on met à la torture, parce qu'il est dit qu'un criminel ne sera pas mis à mort sans l'aveu de son crime. Un malheureux dit à ses juges : je ne saurois avouer le forfait dont on m'accuse ; mais quand j'examine les preuves que vous m'objectez, je les trouve si fortes, si concluantes qu'elles me persuadent moi-même que je suis coupable...

Messieurs, cela est certain ; il faut absolument que j'aie fait le crime dont on m'accuse, et ce discours fût prononcé avec la tranquilité, le ton et l'action d'un homme impartial qui juge l'affaire d'un autre, il échappe au supplice. Cet aveu ne parut pas assez positif.

Quelle que soit la multiplicité des Loix, des reglemens, des ordonnances, il est impossible qu'ils se contredisent si on les rapporte tous à un point fixe ; et ce point fixe est donné, c'est la Liberté et la propriété.

193. — Une des cruautés consacrées par l'usage de la plus grande partie des nations est la question donnée à l'accusé pendant le cours de la procédure, ou pour tirer de lui l'aveu du crime, ou pour éclaircir les contradictions dans lesquelles il est tombé, ou pour le forcer à déclarer ses complices, ou pour découvrir d'autres crimes dont il n'est pas accusé, et dont il pourroit être coupable.

194. — Un homme ne peut être regardé comme criminel avant la sentence du Juge, et les Loix ne peuvent lui retirer leur protection qu'après qu'il a été prouvé qu'il les a violées. Quel droit peut donc autoriser à infliger une peine à un Citoïen lorsqu'on doute encore s'il est innocent ou coupable ? Ce n'est pas un raisonnement bien difficile à faire que celui-ci : Le délit est certain, ou incertain. S'il est certain, il ne doit être puni que de la peine fixée par la Loi, et la torture est inutile. Si le délit est incertain, on ne doit pas tourmenter l'accusé, par la raison qu'on ne doit pas tourmenter un innocent, et que, selon les Loix, celui-là est innocent dont le crime n'est pas prouvé. Il est important, sans doute, qu'aucun crime connu ne demeure impuni. L'accusé mis à la question n'est pas le maître de dire la vérité. Peut-on en croire un homme quand il rêve dans la fièvre chaude, plutôt qu'un homme qui est dans son bon sens et en santé ? L'impression de la douleur peut croître à un tel degré, qu'en occupant l'âme tout entière, elle ne lui laisse aucune liberté, aucune activité à exercer, que celle de prendre, au moment même, la voie la plus courte pour écarter la douleur. Alors l'innocent criera qu'il est coupable pour faire cesser ses tourments ; et le même moyen employé pour distinguer l'innocent et le criminel fera évanouir toute différence entre eux. Les Juges seront aussi incertains, s'ils ont devant eux un innocent ou un coupable, comme ils l'étoient avant cette opération. La torture est donc un sûr moyen de condamner les innocents foibles, et d'absoudre les scélérats robustes.

195. — II. — On applique un accusé à la question pour éclaircir, dit-on, les contradictions dans lesquelles il tombe dans les interrogatoires qu'on lui fait subir ; comme si la crainte du supplice, l'incertitude, l'embarras de se disculper, l'ignorance même commune aux innocents et aux coupables ne pourroient pas faire tomber en contradiction et la timide innocence, et le crime qui cherche à se cacher ; comme si les contradictions, si ordinaires à l'homme tranquile, ne devroient pas se multiplier dans le trouble de l'âme absorbée tout entière dans la pensée de se sauver d'un danger si imminent.

196. — III. — Donner la torture pour découvrir si un coupable a commis d'autres crimes que celui dont il est convaincu, c'est un moyen sûr pour que tous les crimes restent impunis ; car le juge en voudra toujours découvrir de nouveaux, et c'est d'ailleurs se conduire d'après le raisonnement suivant : Tu es coupable d'un crime ; donc il est possible que tu en ayes commis cent autres ; les Loix te feront tourmenter non seulement parce que tu es coupable, mais parce que tu peux être encore coupable.

197. — IV. — On donne la torture à un accusé pour découvrir ses complices. Mais si nous avons prouvé qu'elle n'est pas un moyen de connoître la vérité, comment servira-t-elle à faire connoître les complices ? Certainement celui qui s'accuse lui-même accusera les autres encore plus facilement.

D'ailleurs est-il juste de tourmenter un homme pour les crimes d'un autre ? comme si l'on ne pourroit pas découvrir les complices par l'examen des témoins qui ont été entendus contre le criminel, des preuves du corps du délit, et enfin par tous les moyens qui ont servi à constater le crime de l'accusé.

198. — QUESTION IV. — Les peines ne doivent-elles pas être proportionnées aux crimes et comment établir cette proportion ?

199. — Il faut que les Loix fixent un terme pour la durée de l'instruction des grands crimes, afin que les criminels ne puissent pas, par des variations préméditées, éloigner leur punition ou embrouiller leur cause. Les preuves du délit étant obtenues, et sa certitude déterminée, il est nécessaire d'accorder au coupable du tems et les moyens de se justifier, s'il le peut. Mais ce tems doit être assez court pour ne pas préjudicier à la promptitude de la peine : promptitude qui est un des freins les plus puissants du crime.

200. — Pour qu'une peine ne soit pas une violence d'un seul, ou de plusieurs contre un citoyen, elle doit être publique, prompte, nécessaire, la moindre qu'il soit possible dans les circonstances données, proportionnée au délit et fixée par les Loix.

201. — Quoique les Loix ne puissent pas punir l'intention, ce n'est pas à dire pour cela qu'une action par laquelle on commence un délit et qui marque la volonté de l'exécuter, ne mérite pas une peine, quoique moindre, que celle qui est déterminée contre le crime mis en exécution. Une peine est nécessaire, parce qu'il est important de prévenir même les premières tentatives du crime ; mais comme entre ces tentatives et l'exécution du crime il peut y avoir un intervalle de tems, il est bon de réserver une peine plus grande au crime consommé, pour laisser à celui qui a commencé le crime quelque motif qui le détourne de l'achever.

ART. 198

Comment proportionner les peines aux délits ? Il y a des crimes qui attaquent la société, des crimes qui attaquent les particuliers. Entre les crimes qui attaquent la société, il y a la tranquilité et la sureté de la société, son honneur et son intérêt ; c'est la même division pour les particuliers ; il y a la vie, l'honneur, la Liberté et la fortune, puis dans l'un et l'autre cas, les circonstances et les motifs, et la qualité de la personne.

Il y a une première peine qui est arbitraire ; cette peine fixée, elle détermine toutes les autres ; et si le code criminel est bien fait, une peine et un délit étant commis, on pourra prononcer, si le code est doux ou sévère. Il y a des cas où les circonstances aggravent ; déserter en paix ou en guerre, en sentinelle ou au sortir de la tente, de sang-froid ou après un châtiment ; un châtiment juste ou injuste, grave ou léger.

202. — On doit aussi décerner des peines moins grandes pour les complices d'un crime qui n'en sont point les exécuteurs immédiats, que pour ceux qui l'exécutent. Quand plusieurs hommes s'unissent pour courir un risque commun, plus le risque est grand, plus ils s'efforcent de le rendre égal pour tous. Des Loix qui puniront plus sévèrement les exécuteurs du crime que les simples complices empêcheront que le risque ne puisse se distribuer également, et feront qu'il sera plus difficile de trouver un homme qui veuille prêter sa main au crime médité, parce que son risque sera plus grand par la différence de la punition. Il n'y a qu'un cas où l'on peut faire une exception à cette règle : c'est lorsque l'exécuteur du crime reçoit de ses complices une récompense particulière. Alors la différence du risque étant compensée par la différence des avantages, la peine devroit être égale. Ces réflexions paroitront bien subtiles ; mais il faut songer qu'il est plus important que les Loix laissent aux complices d'un crime le moins de moyens qu'il est possible de s'accorder entre eux.

203. — Quelques tribunaux offrent l'impunité au complice d'un grand crime qui trahit ses compagnons. Un pareil expédient a ses inconvéniens et ses avantages lorsqu'on l'employe pour des cas particuliers. Une Loi générale qui promettroit l'impunité à tout complice qui découvre un crime est préférable à une déclaration particulière dans un cas particulier, parce qu'elle préviendroit l'union des méchants, en inspirant à chacun d'eux la crainte de s'exposer seul au danger ; mais aussi faudroit-il saintement tenir cette promesse et donner, pour ainsi dire, une sauvegarde à quiconque réclameroit cette Loi.

204. — Question V. — Quelle est la mesure de la grandeur des délits ?

205. — La fin de l'établissement des peines ne sauroit être de tourmenter un être sensible ; l'objet des peines est d'empêcher le coupable de nuire désormais à la société et de détourner ses concitoyens de commettre des crimes semblables. Parmi les peines, on doit employer celles qui, étant proportionnées aux crimes, feront l'impression la plus efficace et la plus durable sur les esprits des hommes, et en même tems la moins cruelle sur le corps du criminel.

206. — Qui ne frisonne d'horreur en voyant dans l'histoire tant de tourments barbares et inutiles, inventés et employés froidement par des hommes qui se donnoient le nom de sages ? Qui ne sent frémir au dedans de lui la partie la plus sensible de lui-même au spectacle de ces milliers de malheureux qui les ont soufferts et qui les souffrent, accusés de crimes souvent impossibles, souvent fabriqués par l'ignorance et quelquefois par la superstition ; qui peut, dis-je, les voir déchirer avec appareil par des hommes, leurs confrères ? Les païs et les tems où les supplices les plus cruels ont été mis en usage sont ceux où l'on a vu les crimes les plus atroces.

Art. 206

La même faute comporte des châtimens différens selon les Lieux, les termes, les circonstances, les mœurs, les gouvernemens ; il seroit absurde de continuer la même peine aux assemblées clandestines

207. — Pour qu'une peine produise son effet, il suffit que le mal qu'elle cause surpasse le bien qui revient du crime, en faisant même entrer dans le calcul de l'excès du mal sur le bien la certitude de la punition et la perte des avantages que le crime produiroit. Toute sévérité qui passe ces limites est inutile, et par conséquent tirannique.

208. — Si les Loix sont cruelles, ou elles sont changées, ou l'impunité naît de la sévérité même des Loix. La grandeur des peines doit être relative à l'état actuel et aux circonstances où se trouve une nation. A mesure que les esprits s'éclairent dans l'état de société, la sensibilité de chaque individu augmente, et son accroissement demande qu'on diminue la rigueur des peines.

209. — QUESTION VI. — La peine de mort est-elle utile et nécessaire pour la sûreté et le bon ordre de la société ?

210. — L'expérience montre que la profusion des supplices n'a jamais rendu les hommes meilleurs. Si donc Je démontre que, DANS L'ÉTAT ODINAIRE DE LA SOCIÉTÉ, la mort d'un Citoyen n'est ni utile, ni nécessaire, j'aurai gagné la cause de l'humanité. Je dis DANS L'ÉTAT ORDINAIRE, car la mort d'un Citoyen peut-être nécessaire en un cas ; c'est lorsque, privé de la liberté, il a encore des relations et une puissance qui peuvent troubler la tranquilité de la nation. Ce cas ne peut avoir lieu que lorsqu'une nation perd ou recouvre sa liberté ou dans les tems d'anarchie, lorsque les désordres même tiennent lieu de Loix. Mais pendant le règne tranquile des Loix, et sous une forme de Gouvernement approuvée par les vœux réunis de la

---

dans un état républicain et dans un état despotique. Vingt ans d'assemblées clandestines à Londres n'ont pu déplacer le ministre Valpole. Une assemblée de vingt janissaires à Constantinople suffiroit pour ensanglanter les pavés du Divan par l'assassinat du sultan et du vizir.

Je ne prétends point à ôter *au traité des délits et des peines* le caractère d'humanité qui lui a mérité un si grand succès. Je fais autant de cas que personne de la vie des innocents, et mes opinions particulières ne peuvent que m'inspirer la plus grande commisération pour les coupables. Cependant je ne puis m'empêcher de calculer.

On ne met pas à mort dans notre capitale 150 hommes par an. Dans tous les tribunaux de la France on en supplicie à peine autant. C'est 300 hommes sur 25.000.000 ; ou un homme sur 83.000. Où est le vice, la fatigue, le bal, les fêtes, le péril, la courtisane gâtée, le cabriolet, la thuile, le rhume, le mauvais médecin qui ne cause plus de dégât ? Sauver la vie à un homme est toujours une excellente action, quoiqu'il y ait contre cet homme une présomption qui n'est pas contre la victime du mauvais médecin. Je conclus seulement de là à la multitude d'inconvéniens, qui sont bien autrement graves et auxquels on ne donne aucune attention.

nation ; dans un Etat défendu contre les ennemis du dehors, et soutenu au-dedans par la force et par l'opinion, où l'autorité est entre les mains du Souverain, il ne peut y avoir aucune nécessité d'ôter la vie à un Citoyen. Vingt années de règne de l'IMPÉRATRICE ELIZABETH donnent aux pères des peuples un exemple plus beau que celui des plus brillantes conquêtes.

211. — Ce n'est pas l'extrême sévérité de la peine, ni la destruction de l'être qui fait le plus grand effet sur l'esprit des Citoyens; mais la durée de la peine.

212. — La mort d'un scélérat sera un frein moins puissant du crime que le long et durable exemple d'un homme privé de sa liberté pour réparer par les travaux de toute sa vie le dommage qu'il a fait à la société. La terreur que cause l'idée de la mort a beau être forte, elle ne résiste pas à l'oubli si naturel à l'homme.

RÈGLE GÉNÉRALE : Les impressions violentes surprennent et frappent, mais leurs effets ne durent pas. Afin qu'une peine soit juste, elle ne doit avoir que le degré d'intensité qui suffit pour éloigner les hommes du crime. Or, je soutiens hardiment qu'il n'y a point d'hommes qui, avec un peu de réflexion, puisse balancer entre le crime, quelque avantage qu'il s'en promette et la perte entière et perpétuelle de sa liberté.

213. — QUESTION VII. — Quelles peines doit-on infliger aux différents crimes ?

214. — Celui qui trouble la tranquilité publique, qui n'obéit pas aux Loix, qui viole les conditions sous lesquelles les hommes sont réunis et se défendent réciproquement, doit être exclu de la société et regardé comme un membre de rebut.

215. — Il faudroit des raisons plus fortes pour bannir un citoyen qu'un étranger.

216. — La peine d'infamie est une marque de la désaprobation publique, qui prive un Citoyen de la considération et de la confiance que la société avoit pour lui, et qui lui fait perdre cette fraternité qui existe entre les membres d'un même État. Il faut que l'infamie prononcée par la Loi soit la même que celle qui résulte de la morale universelle ; car en déclarant infâmes des actions indifférentes, on fera que les actions, qu'il est de l'intérêt de la société de regarder comme infâmes, cesseront bientôt d'être tenues pour telles.

217. — Il faut bien se garder de punir de peines corporelles et douloureuses les fanatiques, les prétendus inspirés et ceux qui veulent passer pour saints. Cette espèce de folie, fondée sur l'orgueil et l'ostentation, tireroit de la douleur même sa gloire et son aliment. On a eu des exemples, du tems que la chancellerie secrette existoit, que des gens de cette espèce s'y sont présentés à certains jours, uniquement pour souffrir quelque châtiment.

ART. 212

On ne sauroit rendre l'appareil des supplices trop effrayant. Un cadavre que l'on déchire fait plus d'impression que l'homme vivant à qui l'on coupe la tête.

218. — L'infamie et le ridicule sont les seules peines qu'il faut employer contre les fanatiques, parce qu'elles répriment leur orgueil. En opposant ainsi entre elles des forces de même genre, des Loix sages dissiperont bientôt l'admiration que Les esprits foibles pourroient concevoir pour de fausses doctrines.

219. — L'infamie ne doit pas tomber sur un grand nombre de personnes à la fois.

220. — La punition doit être prompte, analogue au crime et publique.

221. — Plus la peine sera prompte et voisine du délit, plus elle sera juste et utile ; elle sera plus juste, parce qu'elle épargnera au criminel le tourment cruel et superflu de l'incertitude de son sort. Le procès doit être fini dans le moins de tems possible. J'ai dit que la promptitude de la peine est utile ; parce que moins il s'écoulera de tems entre la peine et le délit, plus on considérera le crime comme cause, et la peine comme l'effet. La punition doit être certaine et inévitable.

222. — Le meilleur frein du crime n'est pas la sévérité de la peine, mais la certitude d'être puni, si l'on a trangressé les Loix.

223. — La certitude d'un châtiment modéré, mais immancable, fera toujours une plus forte impression sur les esprits que la crainte d'une peine plus sévère jointe à l'espérance de l'éviter. A mesure que les peines deviendront plus douces, la clémence et le pardon seront moins nécessaires, parce que les Loix respireront elles-mêmes la clémence.

224. — Dans toute l'étendue d'un État, il ne doit y avoir aucun lieu indépendant des Loix.

225. — L'intérêt commun des hommes est non seulement qu'il se commette peu de crimes, mais que chaque espèce de crime soit plus rare, à proportion du mal qu'elle fait à la Société. Les motifs que les Loix établissent pour en détourner les hommes, doivent donc être plus forts pour chaque espèce de

---

Art. 218

L'infamie et le ridicule, seules peines contre les fanatiques. Point d'infamie. Les infâmes sont condamnés par la loi même à la condition de malfaiteurs, les peines infamantes doivent être très rares. Quand un homme est infâme, il faut le chasser de la société. Le ridicule seul suffit contre les fanatiques ; *Arlequin* et *Polichinelle.*

Art. 221

La promptitude de la peine accroît l'idée de sa certitude. Leur concomittance nécessaire s'établit ainsi dans les esprits. Celui qui voit le crime et qui voit en même tems le supplice, frissonne. Si la loi étoit un glaive qui se promenât en l'air et qui frappât le criminel, au moment où le crime est commis, il n'y auroit plus de crimes que ceux de la colère ou de la vengeance, et peut-être de l'amour et du désespoir.

délit, à proportion qu'il est plus contraire au bien public, et en raison de la force des motifs qui peuvent porter les méchants, ou les âmes foibles, à le commettre. Il doit y avoir une proportion entre les crimes et les peines.

226. — Si deux crimes, nuisant inégalement à la Société, reçoivent une punition égale, la distribution inégale des peines produira cette étrange contradiction peu remarquée, quoique très fréquente, que les Loix auront à punir les crimes qu'elles auront fait naître.

227. — Si l'on établit la même peine pour celui qui tue un animal que pour celui qui tue un homme, ou qui falsifie un écrit important, on ne fera bientôt plus aucune différence entre ces deux délits.

228. — En supposant la nécessité et les avantages de la réunion des hommes en Société, on peut imaginer une progression de crimes dont le plus grand sera celui qui tend à la dissolution et à la destruction immédiate de la Société, et le plus léger, la plus petite offense que puisse recevoir un particulier. Entre ces deux extrêmes seront comprises toutes les actions opposées au bien public, qui sont appelées criminelles, selon une progression insensible du premier terme au dernier.

Il suffira en conservant l'ordre de ces progressions de marquer dans chacune des quatre classes dont Nous avons parlé dans le Chapitre VII les actions répréhensibles qui y appartiennent.

229. — Nous avons fait un chapitre à part des crimes qui tendent directement et immédiatement à la destruction de la société et de celui qui en est le chef, et qui sont les plus graves, parce qu'ils sont les plus funestes à la société ; ils sont appelés CRIMES DE LÈZE-MAJESTÉ.

230. — Après cette première espèce de crimes, suivent ceux qui atteignent la sûreté des particuliers.

231. — On ne peut se dispenser de punir celui qui viole ce droit de quelqu'une des peines les plus graves. Les attentats contre la vie et la liberté des Citoyens sont un des crimes les plus grands ; et dans cette classe sont compris non seulement les assassinats, ou meurtres commis par des hommes de la lie du peuple, mais aussi les violences du même genre exercées par d'autres, quelle que soit la dignité ou le rang qu'ils occupent.

232. — On comprend encore dans cette classe le Vol, soit qu'il ait été accompagné de violence, ou non.

233. — Les injures personnelles contraires à l'honneur, c'est-à-dire qui tendent à enlever à un Citoyen cette juste portion d'estime qu'il a droit d'exiger des autres.

234. — Quand au DUEL, il n'est pas inutile de répéter ici ce que bien des gens soutiennent, et que d'autres ont écrit : que le meilleur moyen pour prévenir cette espèce de crime est de punir l'agresseur, c'est-à-dire celui qui a donné occasion au Duel, et de déclarer innocent celui qui, sans y avoir donné lieu, s'est vu forcé de défendre son honneur.

235. — La CONTREBANDE est un vol véritable fait à l'État. Ce délit doit son existence à la Loi même, parce que plus les droits sont considérables, plus l'avantage de faire la contrebande est grand, et plus la tentation est forte ; tentation qui est encore augmentée par la facilité de la faire, lorsque la circonférence qu'on garde est d'une grande étendue et lorsque la marchandise prohibée ou sujette à des droits est de petit volume. La perte des marchandises prohibées et de celles qui l'accompagnent est très juste. Un tel délit mérite une peine considérable, comme la prison et même la servitude : mais une prison et une servitude analogues à la nature du délit. La prison d'un Contrebandier ne doit pas être la même que celle d'un assassin ou d'un voleur de grand chemin ; la peine la plus convenable pourroit devoir être le travail du coupable évalué à la somme dont il a voulu frauder la Douane.

236. — Il est nécessaire de faire mention aussi des BANQUEROUTIERS, de ceux que leurs dettes obligent de quitter le négoce. La nécessité de la bonne foi dans les conventions, et la sûreté du commerce, obligent le Législateur à fournir aux créanciers les moïens de se faire payer de leurs débiteurs. Mais il est nécessaire de distinguer le banqueroutier frauduleux de l'honnête homme qui a fait faillite par nécessité. Un banqueroutier qui peut prouver avec évidence que l'infidélité de ses débiteurs, ou des pertes ou des malheurs inévitables à la prudence humaine, l'ont dépouillé de ses biens, ne doit pas être traité avec la même rigueur. Pour quelle raison le jettera-t-on dans une prison ? Pourquoi le privera-t-on de la liberté, seul bien qui lui reste ? Pourquoi lui fera-t-on subir les peines des coupables et le forcera-t-on à se repentir de sa probité ? Qu'on regarde, si l'on veut, sa dette comme inextinguible jusqu'au parfait payement ; qu'on lui refuse le droit de se soustraire sans le consentement des intéressés à l'obligation qu'il a contractée ; qu'on le contraigne d'employer son travail et ses talents à se remettre en état de satisfaire à ceux à qui il doit ; mais on ne pourra jamais justifier par aucune raison solide une Loi qui le privera de sa liberté sans utilité pour ses créanciers.

CHAPITRE XI

Art. 235

Si les reglemens sur le commerce sont bien faits, ou pour dire la même chose plus nettement, sont faits par des commerçants, lorsque les nations cesseront d'être folles, il n'y aura point de contrebandiers.

Art. 236

Telle est à chaque instant la position relative de l'indigent qui sollicite des secours, et du citoyen opulent qui ne les accorde qu'à des conditions si dures, qu'elles deviennent en peu de tems fatales à l'emprunteur et au créancier ; à l'emprunteur, à qui l'emploi du secours ne peut autant rendre qu'il lui a coûté ; au créancier, qui finit par n'être plus payé d'un débiteur que son usure ne tarde pas à rendre insolvable. Il est difficile de trouver un remède à cet inconvénient ; car enfin il faut que le prêteur ait ses suretés, et que l'intérêt de la somme prêtée soit d'autant plus grand que les suretés sont moindres.

Il y a de part et d'autre un vice de calcul qu'un peu de justice et de bienfaisance de la part du prêteur pourroit réparer ; il faudroit que celui-ci se dit à lui-même : ce malheureux qui s'adresse à moi est intelligent, laborieux, économe ; je veux lui tendre la main pour le tirer de la misère, voyons ce que son industrie la plus avantageuse lui rendra, et ne lui prêtons point, ou si nous nous déterminons à lui prêter, que l'intérêt que nous exigerons de la somme prêtée soit au-dessous du produit de son travail. S'il y avoit égalité entre l'intérêt et le produit, mon débiteur resteroit constamment dans la misère, et le moindre accident inattendu amènerait sa faillite et la perte de mon capital. Au contraire, si le produit excède l'intérêt, la fortune de mon débiteur s'accroît d'année en année ; et avec elle la sûreté du fonds que je lui aurai confié. Mais malheureusement l'avidité ne raisonne pas comme la prudence et l'humanité. Il n'y a presque point de pactes et de baux entre le riche et le pauvre auxquels ces principes ne soient applicables. Voulez-vous être payé de votre fermier, dans les bonnes et les mauvaises années ? N'en exigez pas à la rigueur tout ce que votre terre peut rendre ; sans quoi si le feu prend à vos granges, c'est à vos dépens qu'elles seront incendiées. Si vous voulez prospérer seul, la prospérité vous échappera souvent. Il est rare que votre bien puisse se séparer absolument du bien d'un autre. Vous serez la dupe de celui qui s'engage à plus qu'il ne peut, s'il le sait ; il sera la vôtre s'il ignore ; et l'homme qui réunit la prudence à l'honnêteté ne veut ni duper, ni être dupe.

De prétendus calculateurs politiques ont avancé qu'il importe peu à l'Etat que les richesses soient entre les mains du débiteur ou du créancier, pourvu que la prospérité publique soit augmentée. Mais la prospérité publique peut-elle augmenter lorsqu'on foule aux pieds la justice ; lorsque le ministre encourage la mauvaise foi en lui offrant un asyle sous la protection de la Loi ; car si la Loi ne poursuit pas, elle protège ; lorsqu'on fomente entre les citoyens le germe d'une méfiance qui doit, en se développant, en faire autant de fripons ennemis les uns des autres ; lorsque des emprunts, sans aucune sorte de garantie, seront devenus impossibles ou ruineux ; lorsqu'il n'y aura plus de crédit, ni au dehors ni au dedans de l'Etat, et que la nation entière passera pour un assemblage d'hommes sans mœurs et sans principes ? Non, la félicité générale ne peut avoir

237. — On pourroit, il Me semble, dans tous les cas, distinguer le vol accompagné de circonstances odieuses d'avec la faute grave, la faute grave de la légère, et celle-ci de l'innocence entière, et régler d'après celà, par la Loi, les peines.

---

de base solide sans la validité des engagements qui en sont la source. Le fisc lui-même doit se liberer par les voies et les règles de la justice, la banqueroute du gouvernement est un scandale, une atteinte plus funeste encore à la morale de la société qu'à la fortune des citoyens. Un tems viendra que toutes les iniquités seront citées au tribunal des nations, et que la puissance qui les commet sera elle-même jugée par ses victimes.

Art. 237

Celui qui fait emprisonner l'insolvable semble nuire à la société et se nuire à lui-même ; à la société qu'il prive d'un citoyen ; à lui-même en réduisant son débiteur à l'impossibilité de pouvoir s'acquitter, et en accroissant la dette des frais de la détention. Reste à savoir si la loi doit se prêter à ses vues.

Le débiteur doit garder la liberté ; et celui à qui il est dû son action sur tout ce que le premier peut acquérir, après sa faillite. Si le débiteur infidèle soustroit sa fortune à la connoissance de son créancier, ou il commettra seul cette infidélité, et il ne jouira de rien ; ou il se condamnera pendant toute sa vie à une indigence apparente ; ou il aura des complices qui le favoriseront. On peut sévir contre ces espèces de fidei-commis.

L'honneur a paru à quelques personnes une ressource plus efficace que toutes les autres. Notez, ont-elles dit, notez d'infamie le débiteur qui manque à ses engagements ; déclarez-le incapable de jamais exercer aucune fonction publique, et ne craignez pas qu'il se joue de ce préjugé. Les hommes les plus avides ne sacrifient une partie de leur vie à des travaux pénibles que dans l'espoir de jouir de leur fortune ; or, il n'est point de jouissance dans l'opprobre ; voyez avec quelle exactitude les dettes du jeu sont payées. Ce n'est pas un excès de délicatesse, ce n'est pas l'amour de la justice qui ramène dans les vingt-quatre heures un joueur ruiné aux pieds d'un créancier, quelquefois suspect ; c'est l'honneur, c'est la crainte d'être exclus de la société. Mais dans quel siècle, en quel temps invoque-t-on ici le nom sacré de l'honneur ? N'est-ce pas au Gouvernement à donner l'exemple de la justice qu'il veut qu'on pratique ? Seroit-il possible que l'opinion publique tînt pour flétris des particuliers qui n'auroient fait que ce que l'Etat se permet ouvertement ? Lorsque l'opprobre s'introduit dans les grandes maisons, dans les pre-

238. — Une législation sage et circonspecte pourroit empêcher la plus grande partie des faillites frauduleuses, et préparer des remèdes aux accidents qui arrivent à l'homme industrieux et de bonne foi. Un registre public et exact de tous les contracts, et la liberté à chaque Citoyen de le consulter ; une Banque formée par une contribution sagement répartie sur les commerçants, et dont on tireroit des sommes convenables pour secourir l'industrie malheureuse, seroient des établissements qui auroient beaucoup d'avantages, et qui n'entraîneroient aucun inconvénient réel.

239. — Question VIII. — Quels sont les moyens les plus efficaces pour prévenir les crimes ?

240. — Il vaut mieux prévenir les crimes que de les punir.

241. — C'est à prévenir les crimes que doit tendre une bonne Législation qui n'est que l'art de conduire les hommes au Maximum du bonheur, ou au Minimum du malheur.

242. — Défendre une multitude d'actions moralement indifférentes, ce n'est pas empêcher les crimes qui peuvent en être les suites, c'est en créer de nouveaux.

243. — Voulez-vous prévenir les crimes ? Faites que les Loix favorisent moins les différents ordres de Citoyens que chaque Citoyen ou particulier.

244. — Faites que les hommes craignent les Loix et ne craignent qu'elles.

---

mières places, dans les camps et dans le sanctuaire, fait-on rougir encore ? Qui pourra craindre d'être déshonoré si ceux qu'on appelle gens d'honneur n'en connoissent plus d'autre que celui d'être riches pour être placés, ou placés pour s'enrichir ; si, pour s'élever, il faut ramper ; pour servir l'Etat, plaire aux grands et aux femmes ; et si tous les dons de plaire supposent au moins de l'indifférence pour toutes les vertus, j'approuverois fort que tout citoyen, revêtu de fonctions honorifiques, à la cour, dans les armées, dans l'Église, dans la magistrature, en fût suspendu au moment où il seroit légitimement poursuivi par un créancier, et qu'il en fût irrémissiblement dépouillé au moment où les tribunaux l'auroient déclaré insolvable. Il me semble qu'on prêteroit avec plus de confiance et qu'on emprunteroit avec plus de circonspection. Un autre avantage d'un pareil règlement, c'est que bientôt les conditions subalternes, imitatrices des usages, des préjugés des hautes classes de citoyens, craindroient la même flétrissure, et que la fidélité dans les engagements deviendroit un des caractères des mœurs nationales.

Art. 238

La portion d'esclaves étoit peu considérable à Lacédémone. Je le crois, on les tuoit pendant la nuit, afin que le nombre ne s'en augmentât pas.

245. — Voulez-vous prévenir les crimes ? Faites que les lumières se répandent.

246. — Un code de bonnes Loix n'est autre chose que la perte de la funeste liberté de nuire à ses semblables.

247. — On peut encore prévenir les crimes en récompensant la vertu.

248. — Enfin le moyen le plus sûr, mais le plus difficile de rendre les hommes meilleurs, est de perfectionner l'éducation.

249. — On trouvera dans ce Chapitre des répétitions de ce qui a déjà été dit : mais pour peu qu'on y fasse attention, on verra que la matière l'exigeoit et, de plus, on peut bien répéter ce qui doit être utile au genre humain.

CHAPITRE XI

250. — Il faut dans la société civile, comme en toute autre chose, un certain ordre : il faut que les uns gouvernent et ordonnent et que les autres obéissent.

251. — Telle est l'origine de toute espèce de dépendance, qui est plus ou moins grande, selon la condition de ceux qui obéissent.

CHAPITRE XII

Art. 250

J'ai une autre idée sur l'origine de la société. Ce qui n'empêche pas de reconnaître la sagesse de cette note.

Si la terre avoit satisfait d'elle-même à tous les besoins de l'homme, il n'y auroit point eu de société ; d'où il s'ensuit, ce me semble, que c'est la nécessité de lutter contre l'ennemi commun, toujours subsistant, la nature, qui a rassemblé les hommes. Ils ont senti qu'ils luttoient plus avantageusement avec des forces réunies qu'avec des forces séparées. Le mal est qu'ils ont passé le but. Ils ne se sont pas contenté de vaincre, ils ont voulu triompher ; ils ne se sont pas contenté de terrasser l'ennemi, ils ont voulu le fouler aux pieds, de là la multitude des besoins artificiels.

Faites que la nature soit une meilleure mère et que la terre satisfasse à tous les besoins de l'homme, sans en exiger aucun travail, et à l'instant vous dissoudrez la société, il n'y aura plus ni vice ni vertu, ni attaque, ni déffense, ni Loix.

Au reste, si cette cause n'est pas la première ni la seule de la formation de la société, elle en est une qui n'a point eu de commencement et qui n'aura point de fin.

Art. 251

Les hommes se sont réunis en société par instinct, comme les animaux faibles se mettent en troupeaux. Il n'y a certainement eu primitivement aucune sorte de convention.

252. — Ainsi lorsque la Loi naturelle nous prescrit de contribuer de tout notre pouvoir au bien-être de tous les hommes, nous sommes tenus d'adoucir, autant que la saine raison le permet, le sort de ceux qui vivent dans notre dépendance.

Art. 252

Les chiens sauvages s'associent et chassent de compagnie ; les renards s'associent et chassent de compagnie. L'homme isolé n'auroit pu veiller dans la cabane, préparer les aliments, chasser, combattre les bêtes, garder ses troupeaux, etc... Cinq hommes font et font bien toutes ces choses. Le chien couchant a du nez ; le Levrier a de la vitesse, celui-là découvrira le lièvre ; celui-ci le prendra.

Il faut d'abord que la société soit heureuse, et elle le sera si la liberté et la propriété sont assurées ; si le commerce est sans gêne ; si tous les ordres de citoyens sont également soumis aux lois ; si l'impôt est supporté en raison de forces ou bien réparti ; s'il n'excède pas les besoins de l'Etat ; et si la vertu et les talens y ont une récompense assurée.

Mais suffit-il qu'une nation soit opulente ou heureuse ? Alors elle peut habiter des Chaumières ; ces chaumières doivent être pleines d'agriculteurs ; il n'y aura plus que quatre États : des Prêtres, des magistrats, des soldats, des agriculteurs, des médecins.

Mais une société ne pourroit-elle pas être heureuse et éclatante ? Si la Liberté et la propriété sont assurées, ne seroit-il pas permis à un citoyen d'employer sa richesse selon son goût ? Pourquoi devient-on riche ? Est-ce pour être riche ? C'est pour être heureux. Comment est-on heureux ? N'est-ce pas par les jouissances ? Quelles sont les jouissances ? Les unes sont relatives à l'âme, les autres aux sens. Pourquoi donc ne seroit-il pas permis d'employer ma richesse superflue à toutes ces sortes de besoins ? Alors il y aura des temples, des places, des statues, des tableaux, des étoffes d'or et d'argent, de soye et même des magots, selon que l'homme riche aura ou manquera de goût. Alors il y aura des vices, mais quelle sorte de vices ? Toutes les sortes de vices que la nature inspire, et que le fanatisme proscrit. Alors il y aura aussi des malheureux ; les sots qui n'ont point d'industrie ; les paresseux qui ne veulent pas employer la leur ; les dissipateurs et les fous de toute espèce, parce qu'une société nombreuse ne peut être sans vicieux.

Mais voyons ce que fait cet homme riche qui ne renvoye pas directement son superflu à la terre. Il rend sa nation recommandable aux autres qui la visitent ; il fait vivre un grand nombre de citoyens qui sont autant de consommateurs qui donnent du prix aux fruits

253. — Par conséquent, nous devons éviter de rendre des gens SERFS, à moins d'y être forcé par la plus grande nécessité ; et cela non pour l'intérêt particulier, mais pour celui de l'État. Encore est-ce une question de savoir s'il arrive souvent que l'État en retire de l'avantage.

---

de la terre ; et, satisfaisant son goût, il accroît le nombre de mes jouissances.

Si l'homme n'est fait que pour Labourer, recueillir, manger et vendre, tout est bon, mais il me semble qu'un être qui sent est fait pour être heureux par toutes ses pensées. Y a-t-il quelque raison à poser une limite à l'esprit et aux sens, et à dire à l'homme : tu ne penseras que jusque-là, tu ne sentiras que jusque-là ? J'avoue que cette espèce de philosophie tend à tenir l'homme dans une sorte d'abrutissement, et dans une médiocrité de jouissances et de félicité tout à fait contraire à sa nature ; et toute philosophie contraire à la nature de l'homme est absurde, ainsi que toute Législation où le citoyen est forcé continuellement de sacrifier son goût et son bonheur pour le bien de la société. Je veux que la société soit heureuse ; mais je veux l'être aussi ; et il y a autant de manières d'être heureux qu'il y a d'individus. Notre propre bonheur est la base de tous nos vrais devoirs.

Le principe des Economistes porté à l'excès condamneroit une nation à n'être que des paysans.

ART. 253

Je suis tout à fait porté à croire que ce fut le mérite qui conduisit à la souveraineté. Il y eut alors une grande qualité : ce fut la force corporelle ; et un grand vice, ce fut la paresse.

Toutes ces idées si justes, si raisonnables, que les membres ne furent pas faits par le chef, mais le chef par les membres, qu'il y a un pacte tacite, des droits inaliénables, une liberté, une propriété, sont bien nouvelles, relativement à l'institution première de la société. C'est le cri de l'homme opprimé, c'est le produit d'une longue suite de maux éprouvés par l'abus de l'autorité. Alors la raison étoit bien avancée, lorsque l'homme se demanda ce que c'étoit qu'un homme, l'individu ce que c'étoit que la société ; le sujet, ce que c'étoit qu'un souverain. Les lumières sur tous ces points ont été poussées de nos jours aussi loin qu'il étoit possible. Qu'ont-elles produit ? Rien ; au milieu de la réclamation de tous les peuples civilisés par la voix des magistrats et des philosophes, le despotisme s'étend de tous les côtés. Nous sommes encore bien loin du moment où l'on lira à la tête d'un édit : « Louis, Frédéric, Catherine par la grâce de

254. — De quelque nature que soit la sujettion, il faut que les Loix civiles obvient d'un côté aux abus de la servitude et préviennent de l'autre les dangers qui peuvent en résulter.

255. — C'est un malheur du gouvernement lorsqu'il se voit contraint à faire des Loix trop sévères.

256. — Pierre Ier fit en 1722 une Loi qui prescrivoit de mettre sous tutèle les insensés et ceux qui tirannisent leurs serfs. Le premier point s'observe ; on ignore pourquoi il n'en est pas de même du second.

257. — A Lacédémone, les esclaves ne pouvoient avoir aucune justice. L'excès de leur malheur étoit tel, qu'ils n'étoient pas seulement esclaves d'un Citoyen, mais encore du public.

258. — A Rome, quand il étoit question de blessures faites à un esclave, on ne considéroit que l'intérêt du maître. On confondoit la blessure faite à une bête et celle faite à un esclave, on n'avoit aucune attention qu'à la diminution de leur prix. Le dédommagement tournoit au profit du maître, et non à celui de l'offensé !

259. — A Athènes on punissoit sévèrement celui qui avoit usé de cruauté envers un esclave.

260. — Il ne faut pas faire tout à coup et par une Loi générale un grand nombre d'affranchissements.

261. — Les Loix feront un très grand bien en permettant que les serfs possèdent quelque chose en propriété.

---

ses sujets», et non par la Grace de Dieu ; cette innovation immortalisera le premier Souverain qui la fera.

Par la grâce de Dieu, phrase Théocratique. *L'oint du Seigneur*, autre phrase Théocratique : Phrases d'un tems très ancien, où les peuples vivoient sous la domination sacerdotale ; alors il y avoit un prêtre roi. Lorsque ces deux têtes se séparèrent, le prêtre garda encore le privilège de consacrer le Roi ; on l'assujettit à porter sa livrée : que signifie cette cérémonie, bien interprétée ? Le voici : *tu ne dépends que de Dieu* ; sois Tiran, si tu veux. Voyez dans la bible le discours de Samuel au peuple.

Art 254

Pour obvier aux abus de la servitude, en prévenir les dangers, il n'y a qu'un moyen : c'est d'abolir la servitude et de ne commander qu'à des hommes libres, chose difficile dans un pays où l'on ne peut faire sentir aux maîtres les abus de la servitude ni aux esclaves l'avantage de la liberté, tant les uns sont despotes et les autres abrutis.

Art. 261

Posséder quelque chose en propriété ! et pourquoi pas autant d'argent, de terre, de meuble, d'immeuble que les seigneurs en voudront

262. — Terminons ceci en rappelant cette maxime, que le Gouvernement le plus naturel est celui qui est le plus analogue à la disposition du peuple pour lequel il est établi.

263. — Il est en même tems très nécessaire de chercher à prévenir les causes qui ont occasionné si souvent des révoltes de serfs contre leurs maîtres, car ne connoissant pas ces causes, il n'est pas possible que la Législation prévienne des événement semblables, quoique la tranquillité des uns et des autres en dépende.

CHAPITRE XII

264. — De la population.

265. — Non seulement la Russie n'est pas assez peuplée, mais elle possède encore des pays très vastes qui ne sont ni habités, ni cultivés. Ainsi l'on ne sauroit trop s'attacher à trouver des moyens d'encourager la population dans l'Empire.

266. — Chez nos paysans un seul mariage produit le plus souvent douze, quinze et jusqu'à vingt enfants, dont il est rare que le quart atteigne l'âge mûr. Il faut donc qu'il y ait un vice dans leur nourriture, ou dans leur façon de vivre, ou dans l'éducation, qui détruise cette espérance de l'Empire.

---

vendre et que les Serfs en pourront acquérir. Hélas ! il ne se passera que trop de tems avant que ces malheureux puissent sortir de leur misère. Il y a longtemps que nos paysans peuvent acquérir et ils n'en sont guères mieux. J'avoue que si l'on favorisoit l'agriculture autant qu'elle mérite, la chose iroit plus vite, et tant mieux, car autant vaut l'homme, autant vaut la terre.

La première propriété est la personnelle. Voilà celle dont il faut promettre, encourager l'acquisition, si l'on ne veut pas l'accorder gratuitement.

Art. 263

Il y a un excellent moyen de prévenir la révolte des serfs contre les maîtres : c'est qu'il n'y ait point de serfs.

Art. 265

Il n'y a qu'un moyen de favoriser la population, c'est de rendre les peuples heureux. On multiplie beaucoup, et l'on reste où l'on est bien, et l'on est bien où la Liberté et la propriété sont sacrées. La liberté et la propriété sont sacrées où tous sont également soumis à la Loi et à l'impôt, et où l'impôt est proportionné aux besoins de la société et sa perception aux fortunes ; du reste, il ne faut se mêler de rien, tout s'ordonnera de soi-même et est suffisamment protégé.

Un moyen de rendre un problème insoluble, c'est d'en augmenter les conditions : pas trop gouvernés.

Quel ne seroit pas l'état florissant de la Russie, si par de sages règlements on parvenoit à détourner ou prévenir les progrès d'un mal aussi funeste.

267. — Ajoutez à cela que, depuis deux siècles, une maladie inconnue aux anciens a pénétré de l'Amérique dans le Nord et tend à la destruction de la race humaine. Cette maladie étend ses tristes ravages sur un grand nombre de Provinces. Or, comme il faut avoir soin de la santé des Citoyens, il seroit très sage que la Législation s'attachât à arrêter les progrès de ce fléau.

268. — Les Loix de Moïse pourroient servir de modèle.

269. — Il paroît aussi que la nouvelle manière dont la Noblesse perçoit les redevances du paysan nuit à la population et à l'agriculture. Il n'y a guère de village qui ne paye ses redevances en argent. Les possesseurs qui ne voyent jamais, ou que très rarement, leurs villages, imposent chaque tête à un, à deux jusqu'à cinq roubles, sans s'embarrasser comment le paysan s'y prendra pour gagner cet argent.

270. — Il seroit très nécessaire de prescrire aux possesseurs des Loix qui les obligent à agir avec plus de circonspection dans la manière dont ils se font payer leurs droits, et à exiger du paysan des redevances qui soient de nature à l'éloigner le moins qu'il sera possible de sa maison et de sa famille. Par ce moyen, l'on mettra l'agriculture en vigueur et la population augmentera dans l'Empire.

271. — Au lieu qu'à présent nombre de cultivateurs restent éloignés des quinze années de leur maison, et errent dans tout l'Empire de ville en ville pour tâcher de gagner par leur travail de quoi payer leurs redevances.

272. — La population d'un État s'accroît en raison du bonheur dont les hommes y jouissent.

273. — Les pays bas et propres au pâturage sont peu peuplés, parce que peu de gens y trouvent de l'occupation ; les terres à bled occupent plus d'hommes et sont aussi plus peuplées.

274. — Dans tous les lieux où la subsistance est facile, le nombre des habitants doit s'y augmenter.

275. — Mais un pays qui est si fort chargé d'impôts, que l'industrie et l'activité n'y trouvent la subsistance que difficilement, doit se dépeupler à la longue.

276. — Là où les hommes ne sont pauvres que parce qu'ils vivent sous des Loix dures, et qu'ils regardent leur champ moins comme le fondement de leur subsistance, que comme un prétexte à la vexation dans ces contrées, dis-je, les hommes ne se multiplient pas. Ils n'ont pas même leur nourriture, comment pourroient-ils songer à la partager ? Ils ne peuvent se soigner dans leurs maladies, comment pourroient-ils élever des créatures, qui sont dans une maladie continuelle, qui est l'enfance ? Ont-ils de l'argent, ils l'enterrent et se gardent bien de le faire valoir dans le commerce ; ils craignent de passer pour riches, et que les richesses ne leur attirent de la persécution et des vexations.

277. — C'est la facilité de parler et l'impuissance d'examiner qui ont fait dire : QUE PLUS LES SUJETS ÉTOIENT PAUVRES, PLUS LES FAMILLES ÉTOIENT NOMBREUSES ; QUE PLUS ON ÉTOIT CHARGÉ D'IMPOTS, PLUS ON SE METTOIT EN ÉTAT DE LES PAYER : deux sophismes qui ont toujours perdu, et qui perdront toujours les monarchies.

278. — Le mal est presque incurable lorsque la dépopulation vient de longue main, par un vice intérieur et un mauvais Gouvernement. Les hommes y ont péri par une maladie insensible et habituelle ; nés dans la langueur et dans la misère sous la violence, ou le règne de faux principes adoptés par le gouvernement, ils se sont vu détruire souvent sans sentir les causes de leur destruction.

279. — Pour rétablir un État ainsi dépeuplé on attendroit en vain du secours des enfants qui pourroient y naître. Il n'est plus tems ; les hommes dans leur désert sont sans courage et sans industrie. Avec des terres pour nourrir un peuple, on a à peine de quoi nourrir une famille. Le bas peuple dans ces pays n'a pas même de part à la misère, c'est-à-dire aux terres en friche dont ces pays sont remplis. Quelques Citoyens principaux, ou le Prince, sont devenus insensiblement propriétaires de toute l'étendue de ces terres en friche ; les familles détruites leur ont laissé les pâturages, et l'homme de travail n'en possède rien.

280. — Dans cette situation, il faudroit faire dans toute l'étendue de ces pays-là ce que les Romains faisoient dans une partie du leur : pratiquer, dans la disette des habitants, ce qu'ils observoient dans l'abondance, distribuer des terres à toutes les familles qui n'ont rien, leur procurer les moyens de les défricher et de les cultiver. Mais il faut que cette distribution se fasse sans différer, à mesure qu'il y aura un homme pour la recevoir, de sorte qu'il n'y ait point de moment perdu pour le travail.

Art. 277

Il est d'expérience que plus nos paysans sont pauvres, plus ils font d'enfans, mais moins il en reste.

Art. 280

Tout cela est fort bien ; mais si l'esclavage dure ; si la circulation intérieure est embarrassée de tous côtés ; si les vexations des seigneurs se perpétuent ; si la capitale reste à l'extrémité de l'empire ; si les seigneurs éloignés de leurs possessions par leurs fonctions qui les attacheront à la Cour laissent tomber leurs maisons en ruines, et leurs biens en non-valeur, comment cette calamité générale cessera-t-elle ?

Il faudrait distribuer des terres à toutes les familles qui n'ont rien, leur procurer le moyen de défricher et cultiver. Rien de plus sage. Mais toute cette sagesse est en pure perte, si ce don se fait sans l'affranchissement de la personne et la propriété du sol concédé.

281. — Jules César donna des récompenses à ceux qui avoient beaucoup d'enfants. Les Loix d'Auguste furent plus pressantes : il imposa des peines à ceux qui n'étoient pas mariés, et augmenta les récompenses de ceux qui l'étoient et de ceux qui avoient des enfants. Mais ces Loix ne s'accordent pas avec les Institutions de notre sainte Religion.

282. — En quelques pays les Loix accordent certaines prérogatives à ceux qui sont mariés. Il faut, par exemple, que les Maires et autres préposés dans les villages soyent tirés du nombre des hommes mariés. Un célibataire ou même un homme qui n'a point d'enfants, ne peut ni plaider, ni juger. Celui qui a le plus d'enfans a la place d'honneur dans le tribunal des Paysans. Un paysan qui a plus de cinq fils est exempt de toute imposition.

283. —Chez les Romains, ceux qui n'étoient point mariés ne pouvoient rien recevoir par testament des Etrangers, et ceux qui étant mariés n'avoient pas d'enfants n'en recevoient que la moitié.

284. — Les avantages qu'un mari et une femme pouvoient se faire mutuellement par testament étoient limités par la Loi. Ils pouvoient se donner le tout, s'ils avoient des enfants l'un de l'autre ; s'ils n'en avoient point, ils pouvoient hériter la dixième partie de la succession à cause du mariage ; et s'ils avoient des enfants d'un autre mariage, ils pouvoient se donner autant de dixièmes qu'ils avoient d'enfants.

285. — Si un mari s'absentoit d'auprès de sa femme pour autre cause que pour les affaires de la République, il ne pouvoit en être l'héritier.

286. — Il y a des pays où l'on a assigné de certaines pensions pour ceux qui auroient dix enfants, et de plus fortes pour ceux qui en auroient douze. Mais il n'est pas question ici de récompenser une fécondité extraordinaire, mais bien plutôt de rendre, autant qu'il est possible, la subsistance plus aisée ; c'est-à-dire de fournir aux hommes industrieux et laborieux plus de facilité de se nourrir eux et les leurs.

287. — La continence publique contribue à la propagation de l'espèce.

288. — Dans les institutions ordinaires, c'est aux pères à marier leurs enfants. Mais que seroit-ce si la vexation et l'avarice alloient au point d'usurper l'autorité des pères ? Il faudroit plutôt encourager les pères à marier leurs enfants, et ne pas leur ôter la liberté de les établir selon leur prudence.

289. — Il seroit très important et très nécessaire de déterminer une fois pour toutes, d'une manière stable et claire, les degrés de parenté auxquels il est permis ou défendu de se marier.

Il faut que ces familles soient sûres de travailler pour elles et non pour autrui ; sans quoi, c'est imposer un travail surérogatoire à la misère.

Art. 281

N'accordez point de récompenses à ceux qui ont beaucoup d'enfans ; ne proscrivez point le célibat par des Loix. Si la société est bien ordonnée, ces deux points s'arrangeront sans qu'on s'en mêle.

290. — Il y a des lieux ou, faute d'habitants, la Loi fait citoyens les étrangers ou les bâtards, ou ceux qui sont seulement nés d'une mère citoyenne ; mais dès qu'ils ont assez de peuple, ils ne le font plus.

291. — Les sauvages du Canada font brûler leurs prisonniers; mais lorsqu'ils ont des cabanes vuides à leur donner, ils les reconnoissent de leur nation.

292. — Il y a des peuples qui, quand ils ont fait des conquêtes, s'allient avec les habitans des pays nouvellement conquis. Ils remplissent par ce moyen deux objets importans ; ils s'assurent la possession de leur conquête et augmentent leur population.

CHAPITRE XIII

293. — Des métiers et du commerce.

294. — Les Métiers ne sauroient se perfectionner, et il n'y aura point de Commerce solidement établi, là où l'Agriculture sera méprisée ou négligée.

295. — L'agriculture ne pourra jamais prospérer là où l'agriculteur ne possède rien en propre.

296. — Ceci est fondé sur un principe bien naturel : tout homme est bien plus soigneux de ce qui lui appartient en propre que de ce qui est à autrui. Il ne prodigue pas ses peines pour une chose dont il peut craindre qu'elle ne lui soit enlevée par un autre.

297. — La culture des terres est le plus grand travail des hommes. Plus le climat les porte à fuir ce travail, plus les Loix doivent y exciter.

Art. 297

Il y a un moyen d'encourager l'agriculture, et il n'y en a qu'un : c'est de faire que la condition de l'agriculteur, la plus essentielle de toutes, soit aussi la plus heureuse.

J'ai entendu dire, oui, moi-même, j'ai entendu dire à un jntendant de Province que je pourrois nommer, l'atroce bêtise qui suit : que l'état du paysan étoit si pénible qu'il n'y avoit que l'extrême indigence, ou la peur de mourir de faim, qui pût l'y fixer. Tout ministre public qu'il étoit, il ne savoit pas encore qu'aucun péril, qu'aucun travail n'effraye l'homme, lorsqu'il est compensé par le produit ; il ne savoit pas encore que le meilleur des États est celui où l'on est pressé d'entrer, et qu'on est toujours pressé d'entrer où l'on est sûr de trouver l'aisance et la fortune, et que quelque dure que soit la journée de l'agriculteur, l'agriculture trouvera d'autant plus de bras que la récompense de ses peines sera plus sûre et plus abondante. Il ne savoit pas encore que tous ceux qui travaillent aux mines n'y sont pas condamnés ; et que les enfants succèdent à la bêche de leurs pères, quoique leur salaire soit fort médiocre, et qu'il est rare qu'ils vivent au delà de trente ans. Mais les mines sont

298. — A la Chine le Bogdochan est informé chaque année du laboureur qui s'est le plus distingué dans sa profession ; il le fait Mandarin du huitième ordre. Tous les ans ce Monarque conduit lui-même la charrue et fait en grande pompe la cérémonie d'ouvrir les terres.

299. — Il seroit bon de donner des prix aux Laboureurs qui auroient le mieux cultivé leurs champs.

300. — De même qu'aux ouvriers qui auroient porté plus loin leur industrie.

301. — Cette pratique produiroit de grands biens pour tout pays. Elle a servi de nos jours à l'établissement des plus importantes manufactures.

302. — Il y a des Pays où dans chaque Paroisse on tient des Livres publiés par ordre du Gouvernement, qui traitent de l'agriculture, où chacun peut aller puiser des instructions sur les objets qu'il ignore.

303. — Il y a des peuples qui sont enclins à la paresse. Lorsqu'elle est un effet du climat, il faut pour la déraciner que la Législation ôte tous les moyens de subsister à ceux qui ne veulent pas travailler.

---

presque la seule richesse du pays ; il faut se faire mineur ou s'expatrier, et l'on se fait mineur. Il ne lui étoit jamais venu dans l'esprit que dans tous les métiers l'aisance qui permet d'appeler des auxiliaires en adoucit la fatigue ; et que d'exclure inhumainement le paysan de la classe des propriétaires, c'étoit arrêter les progrès du premier des arts qui ne pouvoit devenir florissant tant que celui qui bêchoit la terre seroit réduit à la bêcher pour autrui ; cette brute d'intendant ordonnoit d'engraisser le bœuf et il retranchoit la subsistance du laboureur. Il gouvernoit une province et ignoroit l'homme.

Art. 299

Eh ! ne faites rien de cela ; faites que son travail porte avec lui sa récompense et tout sera fait.

Art. 300

Eh ! ne faites rien de cela. Ne gênez piont l'industrie, et elle ira toute seule. Un homme industrieux manque de fonds ; donnez-lui, prêtez-lui des fonds.

Art. 301

Les livres d'agriculture sont bons, s'ils sont faits par un agriculteur. Faites que l'agriculteur s'enrichisse ; riche, il tentera des essais ; plus riche, peut-être il écrira.

304. — Toute Nation paresseuse est orgueilleuse ; car ceux qui ne travaillent pas se regardent en quelque manière comme les souverains de ceux qui travaillent.

305. — On pourroit donc tourner l'effet contre la cause et détruire la paresse par l'orgueil.

306. — La vanité est un aussi bon ressort pour un Gouvernement que l'orgueil en est un dangereux. Pour s'en convaincre il n'y a qu'à se représenter d'un côté les biens sans nombre qui résultent de la vanité ; de là, l'industrie, les arts et les sciences, la politesse et le goût ; et d'un autre côté, les maux infinis qui naissent de l'orgueil de certaines nations : la paresse, la pauvreté, l'abandon de tout, la destruction des nations que le hasard a fait tomber entre leurs mains, et de la leur même.

307. — L'orgueil porte l'homme à s'éloigner du travail ; la vanité le portera à savoir mieux travailler que les autres.

Art. 304

Celui qui ne travaille pas se regarde comme le Souverain de celui qui travaille, et il a raison ; car il ne fait rien et vit à ses dépens.

L'orgueil, la vanité, pauvres moyens, aiguillons d'individu à individu ! jamais ressorts nationaux. Le ressort national tient à l'homme en général. Tous les hommes veulent être heureux ; quelques-uns veulent être loués.

CHAPITRE XIII

Art. 306 et 307

Je ne puis me contenter de ces idées sur le luxe, je vais dire les miennes et laisser la liberté du choix entre les Phisiocrates et moi. Je reprendroi les choses d'un peu plus loin : mais j'irai vite ; dans toute contrée où les talens et les vertus ne meneront à rien, l'or sera le Dieu du pays. Il faudra avoir de l'or ou faire croire qu'on en a. La richesse sera la première des vertus, la pauvreté sera le plus grand des vices. Ceux qui auront de l'or, le montreront par tous les moyens imaginables. Si leur luxe n'excède pas leur fortune, tout est bien. Si leur luxe excède leur fortune, ils se ruineront. Là les plus grandes fortunes disparoitront en un clin d'œil ; ceux qui n'auront point d'or se ruineront par les vains efforts qu'ils feront pour cacher leur indigence ; et voilà une sorte de luxe, signe de la richesse d'un petit nombre, masque de la pauvreté du grand nombre et source de la corruption de tous.

Mais supposés une excellente administration, une grande liberté de commerce, l'agriculture protégée, l'impôt réglé sur les vrais besoins de l'État, sa répartition équitable, une nation opulente et heureuse :

308. — Examinez avec attention toutes les Nations, et vous verrez que dans la plus part la fierté, l'orgueil et la paresse marchent du même pas.

309. — Les peuples d'Achim sont fiers et paresseux; ceux qui n'ont point d'esclaves en louent un, ne fut-ce que pour faire cent pas et porter deux mesures de riz ; ils se croiroient déshonorés s'ils les portoient eux-mêmes.

310. — Les femmes des Indes croyent qu'il est honteux pour elles d'apprendre à lire : c'est l'affaire, disent-elles, des esclaves qui chantent des cantiques dans les Pagodes.

311. — Un homme n'est pas pauvre parce qu'il n'a rien, mais parce qu'il ne travaille pas. Celui qui n'a rien et qui travaille est aussi à son aise que celui qui a cent roubles de revenu sans travailler.

312. — L'ouvrier qui a donné à ses enfans son art pour héritage leur a laissé un bien qui s'est multiplié à proportion de leur nombre.

---

de là un second luxe, signe de la richese et de l'aisance dans toutes les conditions. On ne mange pas l'or, on l'employe en jouissances de toute espèce, et de là les dorures, les statues, et même les magots ; de là point de crimes, mais tous les vices qui font le bonheur dans ce monde-ci et la damnation dans l'autre.

L'autre luxe, au contraire, réunit les vices et les crimes ; les vices de l'opulence, les crimes de la misère.

Sous le mauvais luxe, on travaille beaucoup ; mais on ne fait que de la mauvaise besogne. De là décadence des sciences, des arts libéraux et des arts mécaniques. Sous le bon luxe, on travaille tout autant, mais on ne fait que de la bonne besogne parce que tout le monde est en état de la payer. De là splendeur des sciences, des arts libéraux et des arts mécaniques.

Que doit donc faire le Souverain ? Tout son possible pour bien damner ses sujets ; et quoi encore ? Réduire l'or à sa juste valeur, en assurant aux talens et à la vertu la véritable récompense ; et comment cela ? En abandonnant au concours les places les plus importantes de l'État. Il y a quelques classes de citoyens où le concours ordonne des rangs dans ces classes, toutes les places sont occupées par le mérite. D'où je conclus que ceux qui déclament contre le luxe ont raison ; et que ceux qui en font l'apologie n'ont pas tort, mais ils ne parlent pas du même luxe.

Art. 311

Celui qui n'a aucun bien et qui travaille est aussi à son aise que celui qui a cent roubles de revenu sans travailler... Oui, pourvu qu'il ne soit point sujet à tomber malade.

313. — L'agriculture est le premier et le plus important des travaux auxquels les hommes doivent être encouragés. Les Manufactures des productions du pays tiennent le second rang.

Art. 313

Tous ne peuvent être agriculteurs, tous ne peuvent être manufacturiers. Il y a donc une proportion donnée entre le nombre de ceux qui cultivent et le nombre de ceux qui manufacturent.

Supposons un État des choses où cette juste proportion soit établie, alors un homme naît. Si vous le faites manufacturier, il y aura trop d'un manufacturier ; si vous le faites agriculteur, il y aura trop d'un agriculteur. S'il se fait ou voiturier ou commerçant, qu'en arrive-t-il ? Qu'il est logé, chauffé, nourri, subsistant aux dépens de ceux qu'il a servis. Si ce sont des Étrangers vous avez donc un sujet entretenu et même enrichi aux dépens de l'Étranger, et ce sujet fournit au fisc, et à toutes sortes de consommations.

C'est qu'il y a deux sortes de richesses : des richesses positives que la terre seule promet, et des richesses négatives ou des dettes nécessaires telles que celles d'où la vie de l'homme dépend, acquittées par autrui.

Si je savois, dépositaire de la puissance de Dieu, faire subsister une armée sans qu'il en coûtât rien à la nation, je ne produirois rien, mais j'enrichirois la nation de tout ce qui lui en auroit coûté pour cette dette ou dépense. Et c'est ainsi qu'enrichissent la nation, sans rien produire, tous ceux qui appartiennent à une nation et qui fournissent à l'impôt ; tandis que leur industrie les fait subsister ou les enrichit aux dépens des nations circonvoisines.

Ce sont ceux qui ne cultivent pas et qui ont besoin de vivre qui doublent et triplent le travail de l'agriculteur ; c'est donc le manufacturier qui fait fleurir l'agriculture, et non l'agriculture qui fait fleurir la manufacture.

Si l'agriculture ne fournit pas la matière brute, le manufacturier ne travaille pas. Mais s'il n'y a point de manufacturier, l'agriculture n'aura point intérêt à la production de la matière brute ; on ne travaille que quand on est sûr d'avoir des acheteurs ; beaucoup de travailleurs, peu d'acheteurs, point d'ouvrages ; beaucoup d'acheteurs, beaucoup de travailleurs, beaucoup d'ouvrages. Qu'est-ce qu'un agricole relativement au manufacturier, et le manufacturier relativement à l'agricole ? L'un un acheteur et l'autre un vendeur de matière brute.

314. — Les machines dont l'objet est d'abréger la main-d'œuvre, ne sont pas toujours utiles. Si un ouvrage est à un prix médiocre et qui convient également à celui qui l'achète et à l'ouvrier qui l'a fait, les machines qui en simplifieroient la manufacture, c'est-à-dire qui diminueroient le nombre des ouvriers, seroient pernicieuses dans un pays fort peuplé.

315. — Mais il faut distinguer entre ce qui se fait pour le pays même et ce qui se fait pour être exporté à l'étranger.

316. — On ne peut trop simplifier par des machines la fabrication des ouvrages destinés pour le dehors, surtout si l'étranger peut se fournir des mêmes manufactures chez nos voisins, ou chez d'autres peuples qui sont dans une position égale à la nôtre.

317. — Le commerce s'éloigne des lieux où il se voit gêné, et il se fixe là où il est à son aise.

318. — Athènes ne fit pas ce grand commerce que lui promettoit le travail de ses esclaves, le nombre de ses gens de mer, son autorité sur les villes grecques, et plus que tout cela les belles institutions de Solon.

319. — Dans plusieurs pays où tout est affermé, la manière d'administrer les finances détruit le commerce par ses injustices, par ses vexations, par l'excès de ce qu'elle impose ; mais elle le détruit encore indépendament de cela par les difficultés qu'elle fait naître et les formalités qu'elle exige.

320. — Dans les pays où les Douanes sont en régie, il y a une facilité de négocier singulière ; un mot d'écriture termine les plus grandes affaires.

Art. 314

Ce qui a fait dire cela, c'est qu'on n'a pas conçu que la main-d'œuvre, ou les salaires dans un pays, quelle qu'en soit la population, ne peuvent pas baisser sans que le prix du pain ne baisse. Que le prix du pain donne le prix de toutes les choses de premier besoin, fixe le prix des salaires ; conséquemment l'on a eu peur que quelqu'un ne mourût de faim ; et il n'y a point de si petit métier qui ne nourrisse son homme.

Il faut bien y prendre garde, quand on charge une marchandise d'impôt. L'accroissement du prix excède toujours la quantité de l'impôt. Supprimez l'impôt et la marchandise ne reviendra pas à son premier prix. Une mesquine opération de finance produit un effet que vingt années de tems peuvent à peine réparer. Le vendeur est fait à demander et l'acheteur paye tant. Pour faire cesser le mal, il faudroit un édit ; pour faire exécuter l'édit, il faudroit des préposés, c'est-à-dire un autre mal plus grand que le premier.

Art. 320

Douanes. — Si les frais de Douanes sont excessifs, il y a et aura nécessairement beaucoup de contrebande ; tout péril à son prix ; la

Il ne faut point que le Marchand perde un tems infini, et qu'il ait des commis exprès pour faire cesser toutes les difficultés des Fermiers, ou pour s'y soumettre.

douane doit, tout étant égal d'ailleurs, être fixée de manière que le prix du péril soit à peu près égal aux frais de la Douane.

C'est un point important à traiter que celui de la ferme et de la régie. La ferme ruine le Roi par ses profits énormes et vexe tous les sujets. La régie ne vexe pas les sujets, mais ruine également le Souverain par la négligence du Régisseur qui fait son sort, qui ne sauroit l'améliorer par son exactitude et qui, d'ailleurs, est enclin à favoriser son concitoyen aux dépens du Roi.

Mais n'y auroit-il pas une sorte de régie, où le sort du Régisseur ne fût pas tellement fixé, qu'il ne l'améliorât par sa diligence ? Mais si sa diligence, en conservant les droits du Souverain, avoit son revenu, n'est-il pas à craindre que cette diligence ne se tourne en vexation ? C'est cependant à cette dernière manière de percevoir les biens de l'État que je m'arrêterois.

Le Régisseur ne sera jamais ni aussi vigilant ni aussi dur que le fermier, mais la vigilance du fermier tourne à son profit ; et celle du Régisseur tourne à son profit et au profit du fisc.

Quand on y regarde bien profondément, et qu'on voit la quotité de l'impôt déterminée par les besoins de l'Etat et, par conséquent, la nécessité de retourner d'un côté ce qu'on perd de l'autre, on ne balance pas à préférer la régie mixte à la régie pure et simple. D'ailleurs, en examinant toute opération d'après le principe de la Liberté et de la propriété, il est évident que le Régisseur est encore préférable au fermier ; car plus la condition du fermier est modique, plus il est avide, plus il est gênant, moins le citoyen est libre ; il n'en est pas ainsi du Régisseur pur et simple ; quant à la régie mixte, je ne puis dissimuler que sous ce point de vue, elle ne participe pas aux inconvénients de la ferme.

Au reste, la sévérité de la Loi contre le fermier concussionnaire, qui rémédioit chez nous en partie aux inconvénients de la ferme, reduiroit à peu de chose les inconvénients de la Régie mixte. Il falloit que le fermier eût évidemment raison pour gagner son procès à la cour des aides. Le régisseur seroit encore moins favorisé à ce tribunal que le fermier ; la raison en est simple. Le fermier peut perdre. Le régisseur ne peut jamais que profiter ; seulement son profit est plus ou moins considérable, sa chance la plus mauvaise est celle qui le réduit à ses appointements.

321. — La liberté de commerce n'est pas une faculté accordée aux Négociants de faire ce qu'ils veulent ; ce seroit bien plutôt sa servitude. Ce qui gêne le Commerçant ne gêne pas pour cela le commerce. C'est dans les pays de la liberté que le Négociant trouve des contradictions sans nombre ; et il n'est jamais moins lié par les Loix que dans les pays de la servitude. L'Angleterre défend de faire sortir les laines, elle veut que le charbon soit transporté par mer dans la capitale ; elle ne permet point la sortie de ses chevaux propres pour les haras ; les vaisseaux de ses Colonies Américaines, qui commercent en Europe, doivent mouiller en Angleterre. Elle gêne par là et par des Loix semblables le Négociant, mais c'est en faveur du commerce.

322. — Là où il y a du commerce, il y a des Douanes.

323. — L'objet du commerce est l'exportation et l'importation des marchandises en faveur de l'État : l'objet des Douanes est un certain droit sur cette même exportation et importation, aussi en faveur de l'État. Il faut donc que l'État soit neutre entre sa Douane et son commerce, et qu'il fasse en sorte que ces deux choses ne se croisent point : alors on y jouit de la liberté du commerce.

324. — L'Angleterre n'a guère de tarif réglé avec les autres nations ; son tarif change, pour ainsi dire, à chaque Parlement par les droits particuliers qu'elle ôte ou qu'elle impose. Souverainement jalouse du commerce qu'on fait chez elle, elle se lie peu par des traités et ne dépend que de ses Loix.

Art. 321

Ce qui gêne le commerçant ne gêne pas pour cela le commerce. Question et article de l'instruction à donner à examiner aux Economistes. Je n'en sais pas assez pour cela.

J'avoue seulement que je suis dans le préjugé que le Gouvernement ne doit aucunement se mêler du commerce ni par règlemens, ni par prohibitions, et que gêner le commerçant ou le commerce, c'est la même chose ; mais j'aime mieux abandonner à de plus éclairés le soin de cette importante discussion, que de m'engager dans une longue suite de raisonnemens qui ne seroient peut-être que des paralogismes. Je vois seulement que la notion du commerce ne renferme que ces deux idées : — importation des marchandises étrangères, exportation des marchandises du pays, brutes ou travaillées, et que je n'entends pas comment en gênant ces deux opérations, si simples, on ne gêne pas le commerçant ; et comment en gênant le commerçant on favorise le commerce ou les deux opérations fondamentales.

Art. 324

Le tarif des douanes de Saint-Pétersbourg est absurde en plusieurs points, ce qu'on peut démontrer par des Exemples particuliers.

325. — On a fait dans de certaines Monarchies des Loix très propres à abaisser les États qui font le commerce d'Économie. On leur a défendu d'apporter d'autres marchandises que celles du cru de leur pays ; on ne leur a permis de venir trafiquer qu'avec des navires de la fabrique du pays d'où ils viennent.

326. — Il faut que l'État qui impose ces Loix puisse aisément faire lui-même son commerce, sans cela il se fera pour le moins un tort égal. Il vaut mieux avoir affaire à une nation qui exige peu, et que les besoins du commerce rendent en quelque façon dépendante de nous, à une nation qui, par l'étendue de ses vues ou de ses affaires sait où placer toutes ses marchandises superflues, qui est riche et peut se charger de beaucoup de denrées, qui les paye argent comptant, qui se trouve, pour ainsi dire, dans la nécessité d'être fidèle, qui est pacifique par principe, qui cherche à gagner et non pas à conquérir : il vaut mieux, dis-je, avoir affaire à une telle nation qu'à d'autres toujours rivales, et qui ne donneraient pas tous ces avantages.

327. — Encore moins un État doit-il s'assujettir à ne vendre ses marchandises qu'à une seule nation, sous prétexte qu'elle les prendra toutes à un certain prix.

328. — La vraie maxime est de n'exclure aucune nation de son commerce sans des raisons très importantes.

Les erreurs sont par l'ignorance de la valeur des choses en elles-mêmes, et de la valeur des choses manufacturées.

Art. 325

Examiner encore si les Loix qu'on a faites pour abaisser les états qui font le commerce de l'économie en ne leur permettant l'apport que des marchandises de leur pays ne sont pas aussi nuisibles à l'une des nations qu'à l'autre.

Art. 327 et 328

Il n'y a qu'un seul cas où il semble qu'il faille concentrer le commerce dans une classe particulière de commerçants ; c'est lorsque le commerce d'une nation se fait d'une contrée dans une contrée très éloignée, où il n'y a nul exercice des Loix, où le commerçant est presque sans cesse dans un état de guerre avec l'habitant du pays ; où il y a risque de perdre ses avances, si l'on en fait aux manufacturiers du Pays, et presque certitude de n'avoir point d'ouvrage si l'on ne fait point d'avances ; où ces avances risquées sont très considérables ; où plus elles sont risquées et considérables, plus le prix de la marchandise augmente ; où il faut un représentant très important et même très fort pour faire les avances en sûreté, et exiger

329. — Dans plusieurs États on a heureusement établi des Banques, qui par leur crédit ont formé de nouveaux signes de valeur, qui ont augmenté la circulation. Mais afin que de pareils établissements s'attirent la confiance dans un État Monarchique, il faut les associer à des fondations pieuses, indépendantes et privilégiées, auxquelles on ne peut ni ne doit toucher, comme par exemple à des Hopitaux, à des maisons d'Orphelins, etc... afin que chacun soit bien assuré que le Prince ne touchera jamais à leur argent et n'affoiblira point leur crédit.

---

l'ouvrage à demi payé; où sa présence, sa richesse, ses fonds, ses magasins répondent que l'ouvrage commandé ne restera pas à l'ouvrier, et qu'en présentant son ouvrage, le reste de son salaire sera acquitté sur-le-champ ; où ce manufacturier a besoin de la protection et de la défense de celui qui le met en œuvre, pour travailler en repos ; c'est-à-dire où les choses sont précisément dans le cas du commerce de l'Inde ; il paroît difficile alors de se passer d'une compagnie appuyée par le ministre.

Si les profits de la Compagnie sont très grands et suffisent à l'enrichir, il faut la laisser subsister, mais sans privilège exclusif. Si la consistance avantageuse exige l'exclusif, il faut le lui acorder. On a cru à la cassation de l'exclusif de la Compagnie des Indes françoises que la mer alloit être couverte de vaisseaux particuliers. Cela s'est trouvé faux.

Une raison qu'il faut tenir en grande considération, c'est la différence des manufacturiers Européens et du manufacturier jndien. Celui-ci est esclave, paresseux et exposé d'un moment à l'autre à être spolié. Il ne travaille qu'à son corps déffendant, et quand il est sûr de tous points de recevoir le salaire de son travail.

Art. 329

La Russie n'a aucune maison de commerce dans les grandes villes de l'Europe, aucun entrepôt pour ses marchandises propres, aucun agent pour les marchandises du pays, aucun agent de change ; et les agens de change qu'elle a chez elle sont étrangers.

Il y avoit *aux Carmes déchaussés du Luxembourg* un moine qui avoit fait une excellente spéculation. Un jour, dans sa cellule, au lieu de méditer sur la vanité des biens de ce monde, il rêvoit comment il pourroît s'enrichir en dépit de l'Evangile qui loue la pauvreté et du vœu solennel qu'il en avoit fait.

Il lui vint en pensée de convertir sa maison de Paris, et toutes les maisons de son ordre répandues dans le Royaume et dans les Royaumes catholiques, en autant de maisons de commerce. Il y

330. — Un des hommes qui a le mieux écrit sur la Législation s'exprime de la manière suivante : « Des gens, frappés de ce qui se pratique dans « quelques Etats, pensent qu'il faudroit qu'il y eut des Loix qui enga- « geassent la Noblesse à faire le commerce. Ce seroit le moyen de détruire « la Noblesse sans aucune utilité pour le commerce. On en agit sagement « là où les Négociants n'étant pas nobles peuvent le devenir, où ils ont « l'espérance d'obtenir la noblesse sans avoir l'inconvénient actuel ; ou ils « n'ont pas de moyen plus sûr de sortir de leur profession, que de la bien faire, « ou de la faire avec bonheur ; chose qui est ordinairement attachée à la « suffisance. Il est contre l'esprit du commerce que la Noblesse le fasse « dans la Monarchie. Cela seroit pernicieux aux villes, disent les Empereurs « Honorius et Théodose, et ôteroit entre les Marchands et les Plébéiens la « facilité d'acheter et de vendre. Il est contre l'esprit de la Monarchie que « la Noblesse y fasse le commerce. L'usage qui a permis dans certains « royaumes le commerce à la Noblesse, est une des choses qui a le plus « contribué à y affoiblir le Gouvernement qui y étoit établi. »

---

réussit ; il fit une fortune immense ; et cette fortune n'auroit pas eu de bornes, si le scrupule ne s'en étoit mêlé. Les supérieurs lui enjoignirent de cesser son commerce. Je n'ai rapporté ce petit fait que pour montrer l'importance des maisons de commerce.

Art. 330

Il y a dans les observations sur le commerce une affectation de déprécier le Commerce qui me semble poussée beaucoup trop loin.

1° *Il faut qu'il y ait dans une nation agricole une portion plus ou moins grande d'individus qui n'aient d'autres revenus que des salaires payés par leur nation qui les employe*, et en dernier ressort par la nation pour laquelle ils sont employés, car ces salaires pour qui augmentent-ils le prix de la denrée ? Pour l'acheteur.

2° *Un commerçant ne tient à l'Etat par aucun lien.* Je n'entends pas cela. Partout un commerçant tient à l'État par des liens moraux et par des liens physiques : par tous les liens moraux qui attachent un propriétaire foncier à son pays ; on ne voit pas que les Négociants s'expatrient plus souvent que les autres citoyens ; par des liens physiques ; un commerçant raisonnable n'acquiert que pour réaliser : la portion de sa fortune qu'il réalise est la seule qu'il mette en sûreté ; et il n'y a point de commerçant qui ne le sache ; en conséquence, il a des maisons, des meubles et des terres.

Il est attaché au sol par la branche du commerce même qu'il exerce ; et il n'est pas indifférent à un commerçant ou de passer d'une branche de commerce à une autre ou de suivre la même branche,

331. — D'autres sont de l'avis contraire, et soutiennent qu'on peut permettre aux Nobles, qui ne sont pas au service, de commercer, moyennant toutefois qu'ils soyent soumis aux Loix concernant le commerce.

---

celle des huiles par exemple, de Marseille à Londres ou de Londres à Marseille.

Un commerçant considéré comme un autre citoyen ne se déplace pas sans perte réelle, parce que tout déplacement en entraîne ; sans risquer le crédit dont il jouit où il est, et qu'il a à recréer dans dans l'endroit où il va ; c'est une terrible chaîne, je la trouve presque aussi forte que celle du propriétaire foncier.

3° Il est vrai qu'un peuple commerçant n'existe que par le commerce des productions étrangères ; mais il n'en est pas ainsi du commerçant chez un peuple agricole. Celui-ci existe par le commerce des productions du pays et des productions étrangères. C'est le dépositaire de l'agricole qui ne sauroit être tout à la fois, sous peine d'être tout mal, ou rien.

Quand on y regarde de près, voici ce qu'on trouve. La terre veut un propriétaire, un fermier, des valets, des animaux, des manufacturiers, des commerçants, des voituriers, sans quoi la quantité de denrées disponibles perd sa valeur ; et tous ces agens-là sont nécessaires, et doivent tous être favorisés ; d'autant plus qu'il est impossible qu'aucune de ces classes d'homme enchaînés les uns aux autres surabonde.

L'État est un corps politique composé de différentes parties unies entre elles par un intérêt commun qui ne leur permet pas de se détacher, sans se préjudicier à elles-mêmes ; l'Etat me semble résider dans le Souverain, les propriétaires, les Entrepreneurs de culture et tous ceux que cette entreprise doit employer, chacun selon le rang qu'il occupe, pour attaquer le commerçant on en fait un être abstrait qui n'existe nulle part. C'est en conséquence de cette abstraction qu'on le fait nécessairement cosmopolite, décrier le commerçant comme agent de plusieurs nations à la fois ; c'est décrier l'air et l'eau par leur utilité générale, c'est perdre de vue le bien commun de l'univers.

Il me semble qu'il ne seroit pas difficile de faire l'éloge du commerçant par les côtés même qu'on lui objecte. Il appartient à toutes les nations ; tant mieux, toutes les nations ont donc un égal intérêt à le protéger ; il ne discerne personne, soit qu'il achète, soit qu'il vende ; tant mieux, la partialité restraindroit son état. Toutes les glèbes parlent en faveur du commerçant. La seule Glebe qu'il cultive parle en faveur de l'agricole.

332. — L'Empereur Théophile voyant un vaisseau chargé de marchandises pour son épouse Théodora, le fit brûler. « Je suis Empereur, lui dit-il, et « vous me faites patron de Navire ; en quoi les pauvres gens pourroit-ils

---

Mais enfin ce commerçant se fixe quelque part, il laisse son coffre-fort en mourant dans quelque contrée de la terre ; et l'expérience nous montre que cette contrée est sa patrie, la demeure de toute sa famille qui revendique et qui recouvre sa fortune en quelque recoin du monde qu'elle ait été déposée, il n'est donc pas exact de dire que tout pays lui soit égal, et qu'il soit égal à tout pays.

Si le besoin urgent d'un Etat exigeoit une ressource, l'argent d'un commerçant lui seroit prêté au même taux que l'argent d'un commerçant étranger. Vous verrez que le propriétaire foncier est plus désintéressé ; dites qu'on violente plus aisément celui-ci, ce qui est un avantage pour le Tiran seul. Mais tels sont les effets de l'esprit de commerce qu'il fait taire tous les préjugés de nation ou de religion devant l'intérêt général qui doit lier tous les hommes.

Le produit net est la seule richesse disponible ; mais chacun lutte à sa manière contre ce produit net ; le bœuf en mangeant tant qu'il peut ; le valet en faisant augmenter son salaire ; le manufacturier en exagerant de son mieux le prix de la main-d'œuvre ; le marchand en portant le plus haut son agence intermédiaire, et le voiturier ne fait pas son marché plus mal que les autres. Le bœuf et le commerçant entrent également dans la qualité des frais.

Voilà deux Échangeurs, l'un Régnicole, l'autre Étranger, qui ont besoin d'un agent intermédiaire ; il prend dix pour cent de l'un et de l'autre ; cela fait, qu'arrive-t-il ? Les dix pour cent qu'il a pris de son compatriote, restent dans le pays ; ils n'ont fait que changer de poche, les dix pour cent qu'il a pris de l'Étranger soit en argent, soit en marchandise, sont un accroissement à la richesse nationale qui n'est que la somme des biens de ceux qui composent la nation. D'où l'on voit qu'il n'est pas indifférent que l'agent intermédiaire des deux échangeurs soit étranger ou régnicole. Je sais bien que si vous admettez l'agent intermédiaire étranger en concurrence avec l'agent intermédiaire régnicole, le service de celui-ci baissera de prix, mais cette opération ne seroit pas meilleure ; il me semble qu'à tout prendre, il vaut mieux que l'agent intermédiaire soit payé plus cher par les deux échangeurs et qu'il soit votre sujet.

Art. 332

Le Souverain doit s'en tenir à son métier d'intendant de la maison. Il ne doit être manufacturier, ni entrepreneur d'aucune chose ;

« gagner leur vie, si nous faisons encore leur métier ? » Il auroit pu ajouter : Qui pourra nous réprimer si nous faisons des monopoles ? Qui nous obligera de remplir nos engagements ? Ce commerce que nous faisons, les courtisans voudront le faire, ils seront plus avides et plus injustes que nous. Le peuple a de la confiance en notre justice ; il n'en a point en notre opulence : tant d'impôts, qui font sa misère, sont des preuves certaines de nos besoins.

333. — Lorsque les Portugais et les Castillans commencèrent à dominer dans les Indes Orientales, le commerce y avoit des branches si riches, que leurs Princes trouvèrent bon de s'en saisir : cela ruina leurs établissements dans ces parties-là. Le vice-roi de Goa accordoit à des particuliers des privilèges exclusifs. On n'a point de confiance en de pareilles gens ; le commerce est détruit par le changement perpétuel de ceux à qui on le confie ; personne ne ménage ce commerce, et ne se soucie de le laisser perdu à son successeur ; le profit reste dans les mains particulières et ne s'étend pas assez.

334. — Solon ordonna à Athènes, qu'on n'obligeroit plus le corps pour dettes civiles. Cette Loi est très bonne dans les affaires civiles ordinaires : mais Nous avons raison de ne point l'observer dans celles du commerce, car les Négociants étant obligés de confier de grandes sommes pour des tems souvent fort courts, de les donner et de les reprendre, il faut que le débiteur remplisse toujours, au tems fixé, ses engagements, ce qui suppose la contrainte par corps. Dans les affaires qui dérivent des contracts civils ordinaires, la Loi ne doit point donner la contrainte par corps, parce qu'elle fait plus de cas de la liberté d'un Citoyen que de l'aisance d'un autre. Mais dans les Conventions qui dérivent du commerce, la Loi doit faire plus de cas de l'aisance publique que de la liberté d'un Citoyen ; ce qui n'empêche pas les restrictions et les limitations que peuvent demander l'humanité et la bonne police.

335. — La Loi de Genève qui exclut des Magistratures, et même de l'entrée dans le Grand Conseil, les enfans qui, nés de ceux qui ont vécu ou qui sont morts insolvables, à moins qu'ils n'acquittent les dettes de leur père, est très bonne. Elle a cet effet qu'elle donne de la confiance pour les Négociants, elle en donne pour les Magistrats ; elle en donne pour la Cité même. La Loi particulière y a encore la force de la foi publique.

336. — Les Rhodiens allèrent encore plus loin. Chez eux, un fils ne pouvoit se dispenser de payer les dettes de son père, même en renonçant à sa succession. La Loi de Rhodes étoit donnée à une République fondée sur le

---

c'est le monopoleur le plus funeste par mille raisons qu'il est inutile de déduire.

CHAPITRE XIV

Art. 336

Il est impossible de donner une éducation générale à un peuple nombreux. Je ne connois aucun peuple si nombreux qu'il soit, qui ne puisse avoir de petites écoles où les enfans des pauvres conditions

commerce. Or il paroit que la nature du Commerce même y devroit mettre cette limitation, que les dettes contractées par le père, depuis que le fils avoit commencé à négocier, n'affecteroient ni n'absorberoient point les biens acquis par celui-ci. Un Négociant doit toujours connoître ses engagements et les proportionner à l'étendue de ses fonds.

---

trouvent du pain et des leçons de lecture, d'écriture, d'arithmétique, de catéchisme moral et religieux ; je ne connois aucun peuple qui ne puisse avoir des écoles publiques de dessin ; des collèges, où il y ait pensionnaires et externes, pensionnaires et boursiers.

Veut-on beaucoup d'écoliers et de mauvais maîtres ? Il faut que l'Etat paye les maîtres. Veut-on moins de disciples et d'excellens maîtres ? Il faut que les maîtres soient payés par les Écoliers.

Je voudrois que la police s'exerçât dans les collèges ; je parle des nôtres même. Que le magistrat s'y rendît ; qu'il fît prêter serment au maître de dire vérité, et qu'on renvoyât à leurs parens et aux métiers ceux qui sont ineptes. On y perdroit peut-être en vingt ans un homme de génie ; mais on préviendroit la perte d'un grand nombre de jeunes gens qui sortent des collèges vicieux, ignorans, paresseux, et qui ne sont plus bons qu'à se faire comédiens, soldats ou filoux.

J'avoue que toutes ces observations n'ont lieu que dans une contrée libre où il y a un tiers État.

Au reste, l'Éducation la plus importante à faire, c'est celle des successeurs à l'Empire ; ce n'est pas l'affaire de son père et de sa mère, c'est celle de la nation. La mauvaise Education d'un enfant ordinaire le rend malheureux. La mauvaise éducation des enfans des Rois fait le malheur de toute une nation.

La corruption s'échappe de tout ce qui les entoure. Elle attaque leur cœur et leur esprit par tous les sens à la fois. Comment seroient-ils sensibles à la misère, qu'ils ignorent et qu'ils n'éprouvent point ? Amis de la vérité, leurs oreilles n'ayant jamais été frapées que des accens de la flatterie ? Admirateurs de la vertu, nourris au milieu d'indignes esclaves, tout occupés à préconiser leurs goûts et leurs penchans ? Patiens dans l'adversité qui ne les respecte pas toujours ? Fermes dans les périls auxquels ils sont quelquefois exposés, lorsqu'ils ont été énervés par la mollesse et bercés sans cesse de l'importance de leur existence ? Comment apprécieroient-ils les services qu'on leur rend, connaîtroient-ils la valeur du sang qu'on répand pour le salut de leur empire ou pour la splendeur de leur regne, imbus du funeste préjugé que tout leur est dû, et qu'on est trop honoré de mourir pour eux ? Etrangers à toute idée de justice, comment ne deviendroient-ils pas le fléau de la portion de l'espèce humaine dont le bonheur leur est confié ?

337. — Xénophon voudroit qu'on donnât des récompenses à ceux des Préfets du commerce qui expédient le plus vite les procès. Il sentoit le besoin de la procédure verbale.

338. — Les affaires de commerce sont très peu susceptibles de formalités. Ce sont des actions de chaque jour, que d'autres de même nature doivent suivre chaque jour. Il faut donc qu'elles puissent être décidées chaque jour. Il en est autrement des affaires de la vie, qui influent beaucoup sur l'avenir, mais qui arrivent rarement. On ne se marie guères qu'une fois ; on ne fait pas tous les jours des donations ou des testaments, on n'est majeur qu'une fois.

339. — Platon dit que dans une ville où il n'y a point de commerce maritime, il faut la moitié moins de Loix civiles ; et cela est très vrai. Le commerce introduit dans un même pays différentes sortes de peuples, un grand nombre de conventions, d'espèces de biens et de manières d'acquérir. Ainsi dans une ville commerçante il y a moins de Juges et plus de Loix.

340. — Le droit qui approprie au Souverain l'héritage du bien d'un étranger mort dans ses Etats, tandis que cet étranger a un héritier, et ce droit qui attribue au Souverain ou aux sujets toute la cargaison d'un navire qui a fait naufrage sur les côtes du pays, sont tous deux très insensés et inhumains.

Heureusement leurs instituteurs pervers sont tôt ou tard châtiés par l'ingratitude ou par le mépris de leurs élèves. Heureusement ces élèves, misérables au sein de la grandeur, sont tourmentés toute leur vie par un profond ennui qu'ils ne peuvent éloigner de leurs palais. Heureusement le morne silence de leurs sujets leur apprend de tems en tems la haine qu'on leur porte. Heureusement ils sont trop lâches pour la dédaigner. Heureusement les préjugés religieux qu'on a semés dans leurs âmes reviennent sur eux et les tyrannisent. Heureusement, après une vie qu'aucun mortel, sans en excepter le dernier de leurs sujets, ne voudroit accepter s'il en connoissoit toute la misère, ils trouvent les noires inquiétudes, la terreur et le désespoir assis au chevet de leur lit de mort.

Art. 337

Un tribunal de commerce doit être composé de commerçants ; de même qu'un autre tribunal quelconque doit être composé de grands propriétaires ; on peut se promettre de l'équité, lorsque le juge même seroit la victime de sa propre sentence.

Art. 338

Il y a un point de vue important dans la procédure commerçante. C'est d'obvier à la caducité de l'effet par le laps de tems.

341. — La grande Charte d'Angleterre défend de saisir les terres ou les revenus d'un débiteur, lorsque ses biens mobiliers ou personnels suffisent pour le payement, et qu'il offre de les donner: pour lors, tous les biens d'un Anglois représentoient l'argent. Cette Charte ne prétend pas que les terres d'un Anglois et leur revenu ne puissent pas représenter l'argent comme ses autres biens : elle n'a d'autre vue que de prévenir le tort qui pourroit être fait par un créancier trop rigide. Le droit est violé lorsque la saisie passe la sûreté qu'on peut exiger, et si certains biens suffisent pour l'acquit d'une dette, il n'y a aucune raison d'en saisir d'autres. Mais comme les terres et les revenus ne se saisissent pour l'acquit des dettes que lorsque les autres biens ne suffisent pas pour satisfaire les créanciers, il paroît qu'on ne peut les exclure du nombre des signes qui représentent l'argent.

342. — Il faut que le titre de l'or, de l'argent et du cuivre dans les monnoyes, de même que leur fabrication et leur valeur intrinsèque soient déterminés d'une manière fixe et invariable, et aucune raison ne doit jamais autoriser à s'en écarter, parce que chaque variation dans les monnoyes affoiblit le crédit de l'État. Rien ne doit être si exempt de variation que ce qui est la mesure commune de tout. Le négoce par lui-même est très incertain ; ce seroit augmenter le mal que d'ajouter une nouvelle incertitude à celle qui est fondée sur la nature de la chose.

ART. 341

Il ne faut pas oublier l'effet épouvantable des saisies réelles, des directions, etc... Un débiteur aura la jouissance de son bien jusqu'à ce que l'état de ses dettes soit clos. On donnera un temps fixe aux créanciers pour se montrer, passé ce tems, le créancier sera fort clos. Cet état sera formé non par des gens de justice, mais par des syndics des créanciers eux-mêmes. La saisie des biens et la jouissance cessante n'aura lieu qu'après l'état formé ; on mettra la jouissance de la terre à l'enchère. Le prix de l'enchère fixera la durée de la saisie, etc...

ART. 342

Cette incertitude ne dure qu'un moment.

Pourquoi altere-t-on les monnoyes ? C'est une opération d'un état oberé. C'est pour payer une livre d'or avec une demi-livre d'or. C'est un vol ; or tout vol ruine le volé. C'est donc pour ruiner sa nation.

Quel est l'effet subit de cette altération ?

1° De soustraire la vieille monnoye à la circulation ; on l'enfouit, elle ne paroît plus. 2° De la faire enlever par l'Étranger qui, devenant faux monnoyeur, paye à vos sujets une livre d'or qu'il leur devoit avec une demi-livre d'or.

Le papier monnoye doit être considéré relativement au particu-

343. — Dans quelques pays on a fait des Loix pour empêcher les sujets de vendre les fonds de terre pour transporter leur argent dans les pays étrangers. Ces Loix pouvoient être bonnes lorsque les richesses de chaque État étoient tellement à lui, qu'il y avoit beaucoup de difficultés à les faire passer à un autre. Mais depuis que par l'usage du Change les richesses ne sont en quelque façon à aucun État en particulier, et qu'il y a tant de facilités à les transporter d'un pays à un autre, c'est une mauvaise Loi que celle qui ne permet pas de disposer pour ses affaires de ses fonds de terres, lorsqu'on peut disposer de son argent à son gré. Cette Loi est mauvaise encore, parce qu'elle donne de l'avantage aux effets mobiliers sur les fonds de terre ; parce qu'elle dégoûte les étrangers de venir s'établir dans le pays, et enfin parce qu'on peut l'éluder.

344. — Toutes les fois que l'on défend des choses que sont permises naturellement, ou d'une nécessité indispensable, on ne fait que rendre ceux qui les font de malhonnêtes gens.

---

lier et à la nation. La nation qui ne sait pas proportionner la quantité de papier qu'elle crée, avec son espèce monnoyée, risque de se ruiner elle-même et la moitié de ses concitoyens.

Le particulier commerçant est dans le même cas, s'il met tout en marchandises.

Art. 343

Tout ce que vous dites là est fort beau ; pourquoi avez-vous donc fait le contraire ?

Ajoutons un mot sur les belles monnoyes : les édifices se renversent ; le marbre se brise, le bronze se détruit, des milliers d'années après qu'une nation a passé on retrouve dans la terre et l'on en tire ces monnoyes. Il faut donc qu'elles soient belles ; car elles déposent le bon ou le mauvais goût d'une nation.

Après les monnoyes, ce sont les édifices qui durent le plus. Il seroit donc à souhaiter que ceux qui président aux édifices publics fussent versés dans les principes de l'architecture et qu'ils connussent les beaux restes des monuments anciens. Un grand et bel édifice ne fait pas seulement honneur à un peuple, il lui fait profit.

Art. 344

La Russie a des fers et elle n'a ni fonderie, ni trefilerie, ni clouterie ; on prend ses fers et on les Lui rapporte manufacturés, elle a des fabriques de taules. On prend sa taule et on la lui rapporte manufacturée en fer-blanc.

Il faut ou proscrire les dentelles, les porcelaines et les Glaces, ou les écraser d'impôts, ou, ce qui vaut mieux, avoir chez soi ces manufactures.

345. — Dans les pays de commerce, où beaucoup de gens n'ont que leur art, le Gouvernement est souvent obligé de pourvoir aux besoins des vieillards, des malades et des orphelins. Un État bien policé tire cette subsistance du fond des arts mêmes ; il impose aux uns des travaux proportionnés à leur force ; il enseigne aux autres à travailler, ce qui fait déjà un travail.

346. — Quelques aumônes que l'on fait à un pauvre dans les rues ne remplissent point les obligations du Gouvernement, qui doit à tous les

---

La Russie a des manufactures de glace fondées à grands frais, mais mal conduites, non soutenues. Elle a des manufactures de porcelaines dont je dis la même chose. Ces entreprises sont confiées par protection à des ignorants et des fripons. On veut la Liberté du commerce étranger et le commerce étranger est vendu exclusivement aux Anglois et aux Hollandois ; c'est ainsi que tout augmente de prix. Ce que je dis des marchandises d'jmportation, il faut aussi l'entendre des denrées d'exportation.

J'ai dit ailleurs les causes de l'accroissement du prix des marchandises indigènes ou exotiques, dont la vente et la consommation se font dans le pays.

On prend à crédit et l'on ne paye point, on ne sauroit se faire payer ni sur les Registres ni sur un billet, ni sur une lettre de change. J'engageai la souveraine à se faire montrer l'état des lettres de change protestées ; cette opération fit payer des sommes considérables. Je voulois qu'outre ces lettres de change elle se chargeât de l'acquit de celles qui étoient bonnes, sauf à exercer son recours sur les débiteurs solvables et de mauvaise foi.

Il faut que celui qui paye argent comptant paye pour les autres qui donnent un haut prix à la marchandise parce qu'ils sont sûrs de n'être pas contraints à payer.

Celui qui donneroit à bon prix à l'acheteur qui paye comptant se ruineroit, parce que les Russes aiment mieux acheter quatre à cinq fois au-dessus de la valeur et ne pas payer.

Il y a encore un autre vice. Ce sont les concussions des subalternes qui enlèvent les provisions en tous genres aux approvisionneurs, qui défraient leurs maisons aux dépens des autres citoyens.

Je ne sais ce que je n'aurois pas à dire sur cet article.

Art. 346

En Russie, les hôpitaux militaires sont affreux. Le soldat y meurt presque sans secours sur une planche de bois. Il n'y a point d'inva-

Citoyens une subsistance assurée, la nourriture, un vêtement convenable et un genre de vie qui ne soit point contraire à la santé.

CHAPITRE XIV

347. — De l'éducation.

348. — Les règles de l'Éducation sont les premiers principes qui nous préparent à devenir bons Citoyens.

349. — Chaque famille particulière doit être gouvernée sur le plan de la grande famille qui les comprend toutes.

350. — Il est impossible de donner une éducation générale à un peuple nombreux, ni d'élever tous les enfans dans les maisons destinées à cet usage. Conséquemment, il ne sera pas inutile de poser quelques maximes fondamentales pour servir de règles et d'avis aux parens.

I

351. — Chacun est obligé d'inspirer à ses enfans la crainte de Dieu, qui est le commencement de la sagesse, et de leur imprimer tous les devoirs que Dieu exige de nous dans ses dix Commandements, et ceux que nous prescrit notre Religion Orthodoxe Grecque-Orientale par sa Doctrine et ses traditions.

352. — On doit pareillement leur inspirer l'amour de la Patrie, et les habituer à respecter les Loix civiles, le Souverain et les Magistrats qui, conformément à la volonté de Dieu même, veillent à leur bien-être temporel.

---

lides à ce que je crois. Il n'y a point d'hôpitaux publics. Un pauvre meurt sur un banc dans une chaumière, enveloppé dans sa mauvaise pelisse, faute de remèdes ou même d'alimens. C'est au Docteur à parler de l'exercice de la médecine.

Art. 351

Inspirer l'amour de la patrie. Comment peut-on espérer qu'un père inspire à son enfant l'amour d'une patrie qu'il n'aime point ? Je dirai donc aux Souverains : si vous voulez que les pères prêchent l'amour de la patrie à leurs enfans, faites aimer la patrie aux pères : c'est un sentiment facile à faire naître, car il y a dans tous les hommes un penchant à aimer leur patrie, qui tient plus à des causes morales qu'à des principes physiques. Le goût naturel pour la société ; des liaisons de sang et d'amitié ; l'habitude du climat et du langage ; cette prévention qu'on contracte si aisément pour le Lieu, les mœurs, le genre de vie auxquels on est accoutumé : tous ces liens attachent un être raisonnable à des contrées où il a reçu le jour et l'éducation. Il faut de puissans motifs pour lui faire rompre à la fois tant de nœuds et préférer une autre terre où tout sera étranger et nouveau pour lui.

II

353. — Tout Père de famille doit s'abstenir en présence de ses enfants, non seulement de toute action, mais même de tout discours tendant à l'injustice ou à la violence ; comme injures, jurements, coups, toute espèce de cruauté et autres pareils déportements. Qu'il ne souffre pas non plus que ceux qui environnent ses enfans leur donnent aucun mauvais exemple de ce genre.

III

354. — Il doit déffendre non seulement aux enfans, mais aussi à ceux qui sont chargés d'en avoir soin, toute espèce de mensonge, fut-ce même en badinant ; car le mensonge est le plus pernicieux de tous les vices.

355. — Nous ajouterons ici, pour l'instruction de chaque particulier, ce qui a déjà été imprimé pour servir de règle générale aux Établissements pour l'éducation que Nous avons faite et que Nous ferons encore :

356. — Il faut inspirer aux jeunes gens la « crainte de Dieu, fortifier « dans leurs cœurs les penchans aux choses louables, et les munir de bons « principes convenables à leur état. Il faut exciter en eux l'amour du tra- « vail et une horreur pour l'oisiveté, qui est la source de tous les maux et « de tous les désordres ; les habituer à la bienséance aussi bien dans leurs « actions que dans leurs discours, à la politesse, à la décence, à la compassion « pour les pauvres et les malheureux, et réprimer en eux jusqu'à l'ombre « de l'insolence. Il faut les instruire dans toutes les parties de l'économie, et « en leur faisant voir tout ce qu'elle a d'utile les mettre en garde contre la « prodigalité. Il faut surtout leur inspirer le goût de l'ordre et de la propreté, « non seulement à l'égard de leur personne, mais aussi à l'égard de tout ce « qui les environne ; en un mot les astreindre à toutes les vertus et à toutes « belles qualités qui sont les fruits d'une bonne éducation, et au moyen « des quelles ils puissent devenir un jour de bons Citoyens, des membres « utiles de la société et l'ornement de l'État.

CHAPITRE XV

357. — De la noblesse.

358. — Les Laboureurs habitent les bourgs et les villages et cultivent

---

Art. 353

Qu'une loi, qu'un principe contre les émigrations d'hommes et de fortune. Il y a ou peut y avoir émigration d'hommes sans émigration de fortune. L'émigration d'hommes, symptôme de tyrannie. L'émigration de fortune, symptôme de la méfiance et du discrédit de l'État et des particuliers.

Art. 358

Qu'on attache de grands honoraires aux fonctions de la noblesse ; qu'on lui accorde des rangs de préséance, des marques honorifiques,

la terre dont les productions nourrissent les hommes de tous les autres états ; voilà leur lot.

359. — Les villes sont habitées par des Bourgeois, qui s'occupent des métiers, du commerce, des arts et des sciences.

360. — La Noblesse est un titre d'honneur qui distingue du commun des hommes ceux qui en sont décorés.

361. — Comme il s'est trouvé de tous tems des hommes plus vertueux que les autres, et plus éminens en mérite, c'est un usage reçu de toute antiquité de distinguer par ce titre d'honneur les personnages les plus vertueux, et ceux qui ont rendu le plus de service, en leur attribuant la jouissance de diverses prérogatives fondées sur les principes ci-dessus mentionnés.

362. — On est allé plus loin ; les Loix ont déterminé par quels moyens on pouvoit obtenir ce titre du Souverain, et désigné les actions qui en faisoient déchoir.

363. — La vertu et le mérite élèvent l'homme à ce degré d'honneur qui constitue la noblesse.

364. — La vertu et l'honneur la gouvernent, lui prescrivent l'amour de la Patrie, le zèle pour le service, l'obéissance et la fidélité pour le Souverain, et lui rappellent continuellement de ne rien commettre de malhonnête.

---

des statues, etc... mais aucun de ces privilèges qui distinguent les nobles aux pieds des tribunaux, ou qui les affranchissent de l'impôt. La loi et le fisc ne doivent faire exception de personne, pas même du prince du sang. Il n'y a que ce moyen de remédier à la noblesse héréditaire.

Conservez le prix aux marques honorifiques en ne les prodiguant pas, et surtout en ne les conférant jamais par grâce. Un Souverain équitable n'a point de grâces à faire. Si l'on y regarde de près, toute grâce est une injustice masquée. Elle suppose même dans les cas de faveurs les plus indifférentes qu'il n'y a pas dans tout l'empire un seul homme digne de préférence.

Art. 364

Si le ministère est sans honneur, bientôt la nation sera sans honneur. Souvent il force la conduite des particuliers.

Si le ministère crée des rentes viagères, il anéantit entre les sujets, toutes les liaisons du sang. Il consomme l'abomination du mauvais luxe, de ce luxe qui est le signe de la richesse d'un petit nombre, et le marque de l'indigence de la multitude : ou bien les rentes viagères sur des têtes choisies et autres que celles des rentiers deviennent une spéculation de banquiers très onéreux pour l'Etat.

Il ne faut jamais joindre le motif d'intérêt aux marques honorifiques. L'or gâte tout ce qu'il touche. S'il y a une bourse d'or pendue au bout d'une *croix*, bientôt on n'ambitionnera *la croix* que pour la

365. — Il y a peu de professions qui fournissent autant d'occasions d'acquérir de l'honneur que le service militaire. Défendre son Pays, combattre les ennemis de sa Patrie; voilà les premiers droits à la noblesse et l'occupation qui lui convient.

366. — Mais quoique l'art de la guerre soit la plus ancienne des voyes qui conduisent aux prérogatives de la Noblesse, et quoique les vertus guerrières soient indispensablement nécessaires pour la déffense et la conservation de l'État.

367. — L'administration de la justice, soit dans la paix, soit dans la guerre, n'est pas moins nécessaire, et sans elle l'État se détruiroit.

368. — D'où il suit que la Noblesse peut aussi bien s'acquérir par les vertus civiles que par les vertus guerrières.

369. — Il s'en suit encore que l'on ne sauroit priver de sa noblesse que celui qui s'en est privé lui-même par des actions contraires au but de l'institution de ce titre d'honneur, et qui s'est rendu indigne de sa dénomination.

370. — En pareil cas la dignité de cet état, qui demande à être maintenue dans toute sa pureté, exige que celui qui est convaincu d'avoir enfreint par sa conduite les Loix de son ordre, en soit exclu et dégradé de sa noblesse.

371. — Les actions incompatibles avec le titre de Gentilhomme sont : le crime de haute trahison, le vol sur les grands chemins, le larcin de toute espèce, le faux serment, la violation de sa parole, le faux témoignage, soit qu'il ait été rendu en personne, ou qu'on en ait induit d'autres à le rendre pour soi, la fabrication de faux actes, et autres écrits de cette espèce.

372. — En un mot, toute tromperie déshonorante, et particulièrement toute action qui entraîne après soi le mépris.

373. — L'honneur ne sauroit se conserver mieux que par l'amour de la Patrie, la soumission aux Loix et l'observation de tous ses devoirs ; d'où résultent.

374. — L'illustration et la gloire, surtout aux familles qui comptent parmi leurs ancêtres un plus grand nombre de ces hommes qui ont fait éclater leurs vertus, leur attachement à l'honneur, leurs mérites, leur fidélité et leur amour pour la Patrie et, par conséquent, pour leur Souverain.

375. — Les prérogatives de la Noblesse seront donc fondées sur les maximes que Nous venons d'établir et qui constituent l'essence de cet état.

CHAPITRE XVI

376. — De l'État mitoyen.

377. — J'ai dit au chapitre XV : les villes sont habitées par des Bourgeois qui s'occupent des métiers, du commerce, des arts et des sciences. Dans un État où il y a un corps de Noblesse fondé sur les principes posés dans le même chapitre, il ne sera pas moins utile de prendre des arrangements

---

bourse. Par la raison qu'il faut séparer l'intérêt de l'honneur, il faut que les marques d'honneur soient difficiles à obtenir, elles sont réduites à rien aussitôt qu'elles sont communes.

propres à encourager les bonnes mœurs et l'amour du travail qui puissent servir pour ceux dont il est question ici.

378. — Cette classe d'hommes dignes que Nous en fassions mention, et dont l'État peut se promettre de grands avantages, quand elle aura reçu une forme stable et qui ait pour but l'encouragement des bonnes mœurs et l'amour du travail, est l'État mitoyen.

379. — Cet État composé d'hommes libres n'appartient ni à la classe des Nobles, ni à celle des Paysans.

380. — On doit ranger dans cette classe tous ceux qui, sans être ni Gentilshommes, ni Paysans, s'occupent des Arts, des Sciences, de la navigation, du commerce, ou exercent des métiers.

381.— On doit y placer encore tous ceux qui, nés de parens roturiers, sortiront des Écoles et maisons d'Éducation, religieuses ou autres, fondées par Nous ou par Nos Prédécesseurs.

382. — De même les enfans des officiers et écrivains de Chancellerie. Mais comme ce tiers état est susceptible de différens degrés de prérogatives, dont Nous ne voulons pas traiter en détail, Nous ne ferons que d'ouvrir ici le champ à un plus ample examen.

383. — Comme l'institution de cet État mitoyen aura pour objet les bonnes mœurs et l'amour du travail, il en résultera que la violation des devoirs qui lui seront prescrits en conséquence devra être suivie de l'exclusion de cet ordre ; tels sont la perfidie, le manque de parole, surtout lorsque la négligence ou la tromperie y ont donné lieu.

CHAPITRE XVII

384. — Des villes.

385. — Il y a des villes de différentes espèces, plus ou moins considérables, selon leur situation.

Art. 383

La violation des devoirs. Il n'y a point de devoirs à lui prescrire que la soumission aux Loix.

Sera exclus de cet ordre... Je n'entends pas, est-ce qu'on en fera un serf ?

CHAPITRE XV

Art. 385

Je suppose deux nations limitrophes : *A* et *B*. Si les habitans de la lisière de l'empire *A* sont tellement éloignés de la capitale ou du chef-lieu de la consommation qu'ils ne puissent y porter leurs denrées et si voisins de la capitale ou du chef-lieu de l'empire *B* qu'ils aient tout leur commerce vers *B*, je les crois sans cesse allant de leur contrée vers *B*, n'allant jamais de leur contrée vers *A*. On les appellera du nom de *A*, mais ils seront vraiment sujets de *B* ; il peut donc y avoir des empires trop étendus ; quelle que soit leur étendue, le

386. — Dans certaines villes il y a plus de commerce par terre ; dans d'autres il y en a davantage par eau.

387. — Il y en a où presque toutes les marchandises sont seulement mises en entrepôt pour être expédiées plus loin.

388. — D'autres servant uniquement de débouchés aux productions que les Paysans de tel ou tel canton y apportent au marché.

389. — Celle-ci devient florissante par ses manufactures.

390. — Celle-là située au bord de la mer réunit tous ces avantages avec plusieurs autres.

391. — Une troisième trouve son avantage dans les foires qui s'y tiennent.

392. — D'autres sont villes Capitales, etc...

393. — Quelque diversité qu'il puisse y avoir dans la position des villes, elles se ressemblent en ce point qu'il leur faut à toutes une Loi uniforme qui détermine ce que c'est qu'une ville, qui sont ceux qui sont censés en être les habitans, quelles sont les personnes qui composent la commune de cette villes, quelles sont celles qui doivent participer aux avantages que sa situation naturelle lui donne et de quelle manière on peut devenir Citoyen d'une ville.

394. — Il suit de là que c'est à ceux qui sont dans le cas de s'intéresser à la prospérité de la ville, parce qu'ils y ont leur maison et leurs biens, qu'on donne le titre de Citoyen. Ceux-ci sont tenus en considération de leur propre bien-être et de leur sûreté civile, eu égard à la conservation de leur vie, de leurs biens et de leur santé, de payer différentes rétributions, qui assurent tous ces avantages, et la tranquille jouissance de tout ce qu'ils peuvent posséder d'ailleurs.

395. — Ceux qui ne déposent pas ce gage de l'association ne sauroient participer aux avantages que donne le droit de Bourgeoisie.

---

centre est donc le vrai lieu de la communication. La lisière est le vrai lieu de la déffense et des échanges ; plus un empire est étendu, plus la circulation intérieure doit être facilitée ; plus il faut y multiplier les villes ; plus il doit y avoir de grandes villes. Ce sont les grandes villes qui créent les bourgs ; ce sont les bourgs qui créent les villages, ce sont les villages qui créent les hameaux. C'est cette distribution qui forme et concentre un Empire.

Art. 386

Les vrais lieux des Entrepôts sont sur la frontière, soit entrepôt de marchandises du pays pour sortir, soit entrepôt de marchandises du pays étranger pour entrer.

Art. 389

Les manufactures des matières propres au pays doivent être voisines des entrepôts.

396. — Après avoir déterminé ce que c'est qu'une ville, il reste à examiner quelles sont les prérogatives qui peuvent être accordées à telle ville, sans porter préjudice au bien général, et quels règlements il convient de faire pour son utilité.

397. — Dans les villes où il se fait un grand commerce, il faut apporter la plus grande attention à maintenir, par la droiture des Citoyens, le crédit dans toutes les branches de ce commerce. Car la droiture et le crédit sont l'âme du commerce ; mais là où la ruse et la tromperie prennent le dessus sur la probité, il ne saurait y avoir de crédit.

398. — Il faut nécessairement qu'il y ait des petites villes de Province où l'habitant de la campagne puisse trouver le débit de ses denrées et se pourvoir en retour de ce qu'il a besoin.

399. — Les villes d'Arcangel, Saint-Pétersbourg, Astracan, Riga, Reval et autres semblables, sont des villes maritimes ou Ports de mer; Drenbourg, Riacta et nombre d'autres ont une industrie d'un genre différent ; d'où l'on peut voir l'étroite connexion qui se trouve entre la position d'une ville et ses institutions civiles, et qu'à moins d'être bien instruit des circonstances il est impossible de faire des règlemens qui puissent convenir à chaque ville.

400. — On n'est pas d'accord sur ce qui concerne les Corps de métiers ou Maîtrises, et leur établissement dans les villes. La question se réduit à savoir s'il faut ériger de ces sortes de Corps dans les villes, ou s'il faut s'en passer, et lequel des deux partis contribuera le plus à faire fleurir les manufactures et les métiers.

401. — Toutefois il est incontestable que les Corps de métiers sont utiles pour introduire les professions, et qu'ils ne deviennent pernicieux que que lorsqu'ils restreignent le nombre des ouvriers, puisque cela même met obstacle à l'accroissement des métiers.

402. — Dans plusieurs villes de l'Europe ils sont libres en ce que le nombre des maîtres est illimité, et que chacun peut s'y faire inscrire à son gré. On a remarqué que cette liberté n'avoit pas peu contribué à enrichir ces villes.

403. — Dans les villes peu peuplées, les corps de métiers peuvent avoir leur utilité; les professions en seront plus aisément fournies de bons ouvriers.

Art. 400

Je suis bien surpris de trouver ici de l'incertitude sur le vice des corporations. Je n'en dirai qu'un mot.

C'est un privilège exclusif qui condamne celui qui sait travailler à ne rien faire, à être un voleur ou à mourir de faim. Si cet ouvrier est habile, il s'enrichira; si c'est un mauvais ouvrier, il sera pauvre. Le public est le seul vrai juge de la capacité.

CHAPITRE XVIII

404. — Des Successions.

405. — L'ordre des successions dérive des principes du droit politique ou civil, et non pas de ceux du droit naturel.

406. — Le partage des biens, les Loix sur ce partage, les successions après la mort de celui qui a eu ce partage, tout cela n'a pu être réglé que par la société, et, par conséquent, par des Loix politiques ou civiles.

407. — Le droit naturel ordonne aux pères de nourrir et d'élever leurs enfans, mais il ne les oblige point de les faire héritiers.

408. — Un père, par exemple, qui a fait apprendre à son fils un art ou un métier qui lui donne à vivre, l'a rendu plus riche que si, en ne lui laissant que son modique héritage, il n'avoit foit de lui qu'un paresseux ou un fainéant.

409. — Il est vrai que l'ordre politique ou civil exige souvent que les enfans succèdent aux pères, mais ils ne l'exigent pas toujours.

410. — Maxime générale : nourrir et élever ses enfans est une obligation de droit naturel ; leur laisser sa succession est une institution du droit civil ou politique.

411. — Chaque État a, touchant la possession des biens, ses Loix particulières qui s'accordent avec sa constitution ; par conséquent, il faut que la manière de se mettre en possession des biens patrimoniaux soit réglée par les Loix.

412. — Il sera donc nécessaire d'établir un ordre invariable à l'égard des successions, afin que l'on puisse savoir certainement qui est l'héritier, et afin de prévenir toute plainte et toute contestation.

413. — Tout règlement légal sur cet objet doit être observé sans distinction par tout le monde, et l'on ne doit pas permettre d'y déroger par des dispositions particulières.

414. — L'ordre de succession chez les Romains ayant été établi en conséquence d'une Loi politique, un Citoyen ne devoit pas le troubler par une volonté particulière ; c'est-à-dire, que dans les premiers tems de Rome, il ne devoit pas être permis de faire un testament. Cependant il étoit dur d'être privé dans ses derniers momens du pouvoir de faire du bien.

415. — On trouva donc un moyen de concilier à cet égard les Loix avec la volonté des particuliers. Il fut permis de disposer de ses biens dans une assemblée du peuple ; et chaque testament fut, en quelque façon, un acte de la puissance législative de cette République.

CHAPITRE X

Art. 415

J'avoue qu'à la rigueur l'ordre des successions ne dérive pas du droit naturel. Cependant un homme qui donne la naissance à un enfant me semble obligé à le rendre heureux autant qu'il est en son pouvoir, et à ce titre cet enfant a droit à une portion de sa fortune,

416. — La permission indéfinie de tester accordée dans la suite chez ces mêmes Romains ruina peu à peu la disposition politique sur le partage

---

pendant qu'il vit, et plus de droit à son héritage après sa mort que qui que ce soit au monde; cependant le grand-père ayant laissé à son fils, et ce qu'il avoit reçu de son père, et ce qu'il avoit acquis, il semble que le père doit compte à son enfant de cette portion de fortune dont il a hérité et dont il n'étoit que le dépositaire. C'est presque une dette et cette dette me semble si sacrée que mon enfant auroit attenté à ma vie que je ne me croirois pas dispensé de l'acquitter. Le maître qui s'empare de la succession de son serf, le Souverain qui spolie l'héritier d'un de ses sujets, commettent l'un et l'autre un acte tyrannique.

Un père comme père doit la nourriture et l'éducation à son enfant: comme fils et héritier de son grand-père, il lui doit au moins la restitution d'une partie de sa fortune.

La loi pourroit statuer sur l'instant de cette restitution ; et ce seroit un des plus puissants remèdes à l'inutilité et à l'oisiveté des Pères.

La loi pourroit rendre cette portion inaliénable, comme bien de mineur. La loi previendroit ainsi une sorte de cruauté artificielle des enfans, qui ne jouissant de rien pendant la vie de leurs pères en désirent secrettement la mort. La Loi encourageroit ainsi les mariages et la population ; surtout dans les tems de luxe, ou les parens sont sujets à préférer le faste de leurs maisons à l'établissement de leurs enfants.

Les pères et les mères ne pourroient disposer par testament que de leurs biens acquis.

Il y a une loi en Hollande qui permet aux deux Époux de tester après leur mariage ;ils peuvent l'un et l'autre disposer de leurs biens, comme il leur plaira. Cette loi me paroit capable de produire deux grands effets: arrêter par l'intérêt le penchant à l'infidélité, et tenir les enfans dans le respect qu'ils doivent à leurs parens. S'il y a quelque frein à l'esprit de Galanterie, c'est celui-là. Les Époux même libertins en sont plus circonspects et plus décents ; quand la vertu n'y est pas, il faut se contenter de l'hypocrisie qui lui rend hommage. Les enfans des Pères hypocrites sont pieux.

Les femmes plus retenues rendent la jeunesse moins frivole.

Art. 416

Rien n'est plus propre à diviser les grandes fortunes et à entretenir l'égalité politique entre les citoyens que le partage des biens entre les enfans, et au défaut d'enfant, entre les collatéraux.

des terres ; elle introduisit, plus que toute autre chose, la funeste et trop grande différence entre les riches et les pauvres. Plusieurs partages furent assemblés sur une même tête ; des Citoyens eurent trop, une infinité d'autres n'eurent rien et devinrent une charge insuportable à la République.

417. — Les anciennes Loix d'Athènes ne permirent point aux Citoyens de faire de testament. Solon le permit, excepté à ceux qui avoient des enfans.

418. — Les législateurs de Rome, pénétrés de l'idée de la puissance paternelle, permirent de tester au préjudice même des enfans.

419. — Il faut avouer que les anciennes Loix d'Athènes furent plus conséquentes que les Loix de Rome.

420. — Il y a des Pays où l'on tient un juste milieu à tous ces différens égards ; c'est-à-dire qu'il est permis d'y disposer par testament des biens

---

Les successions collatérales tirent plus de familles de l'indigence qu'elles n'en enrichissent avec excès.

Tous les hommes raisonnables, que l'orgueil ou le préjugé n'ont point corrompus, abhorent le droit absurde de primogéniture, qui transfère le patrimoine entier d'une maison à un aîné qu'il corrompt, et qui précipite dans l'indigence ses frères et ses sœurs, punis comme d'un crime du hasard, qui les a fait naître quelques années trop tard. Un chef de famille n'est que dépositaire, et il ne fut jamais permis à un dépositaire de diviser inégalement le dépôt entre des intéressés qui ont un droit égal. Si un sauvage laissoit en mourant deux arcs et deux enfants, et qu'on lui demandât ce qu'il faut faire de ces deux arcs, ne répondroit-il pas qu'il faut en donner un à chacun ; et s'il les léguoit tous deux au même, ne laisseroit-il pas entendre que le proscrit est un fruit des mauvaises mœurs de sa femme ? Dans les contrées où cette monstrueuse Exhérédation est autorisée, le père est moins respecté de tous : de l'aîné auquel il ne peut rien ôter, des cadets auxquels il ne peut rien donner. A la tendresse filiale qui s'éteint succède un sentiment de bassesse qui accoutume presque dès le berceau trois ou quatre enfants à ramper aux pieds d'un seul : celui-ci en conçoit une importance personnelle, qui ne manque guere de le rendre insolent. Des pères et des mères honnêtes craignent de multiplier autour d'eux des indigens condamnés au célibat. Tout l'héritage est placé dans les mains d'un fou, dont on n'arrête les dissipations que par la substitution, qui est un autre mal. De si grandes calamités doivent faire présumer que le droit de primogéniture, que la superstition ne consacra pas à son origine et que le despotisme n'a aucun intérêt à perpétuer, sera tôt ou tard aboli. C'est un reste de barbarie féodale, dont nos descendans rougiront un jour.

acquis, mais non de partager une terre en plusieurs portions. Et si le bien du père, ou pour mieux dire, la terre patrimoniale, se trouvoit vendue ou dissipée, il est ordonné de prendre sur les biens achetés ou acquis une portion équivalente, pour être remise à l'héritier naturel ; à moins qu'il n'y ait contre lui des preuves légales qui le rendent inhabile à succéder, auquel cas l'héritier le plus proche succède à ses droits.

421. — Il doit être permis aussi bien à l'héritier naturel qu'à celui qu'un testament appelle à sa succession d'y renoncer.

422. — Les filles chez les Romains étoient exclues des testamens, il fallut pour les pourvoir user de supercherie et employer des noms supposés. De pareilles Loix mettoient dans la nécessité, ou de commettre des actes déshonorans, ou de violer les Loix naturelles qui nous inspirent le sentiment de tendresse pour nos enfans ; voilà des cas qu'on doit soigneusement éviter quand on fait des Loix.

423. — Car rien ne contribue davantage à énerver les Loix que la possibilité de s'y soustraire par artifice ; rien aussi ne diminue autant le respect pour les Loix utiles que les inutiles.

424. — Les femmes chez les Romains héritoient lorsque cela s'accordoit avec la Loi concernant le partage des terres ; mais aussitôt que cette Loi auroit été violée, elles ne succéderoient point.

425. — Je suis plus portée pour le partage des biens, parce que je crois qu'il est de mon devoir de souhaiter qu'il revienne à chacun de mes sujets une portion suffisante pour sa subsistance. Il est d'ailleurs bien plus avantageux pour les progrès de l'agriculture, et pour la prospérité de l'Empire, que plusieurs milliers de sujets jouissent d'un bien médiocre, que d'en voir quelques centaines parvenir à des richesses excessives.

426. — Cependant il ne faut pas dans le partage des biens heurter de front des principes généraux qui ont mérité l'attention des Législateurs, qui sont autant et peut-être plus essentiels à la conservation de l'État, et sur lesquels il ne faut pas manquer de porter l'attention.

Art. 426

Regler les tutelles est une chose très difficile, et la seule objection solide aux divorces.

Étranger à la famille, mauvais tuteur. Parent, mauvais tuteur. Magistrat, le pire tuteur... les deux familles solidaires, qui donc choisir ? Les prêtres ?

Dans l'instruction de S. M. Imp[le] il n'y a rien sur le divorce. Je ne serois pourtant pas embarrassé d'en faire l'apologie par la loi naturelle, par les suites fâcheuses de l'indissolubilité du mariage, mais je veux qu'il soit permis aux deux époux de se remarier, sans quoi le divorce dévoue deux êtres au libertinage. Mais les enfans, qui leur donnerons-nous pour tuteurs ? Je n'en sais rien. Les maisons de Moscou ? Pourquoi pas.

Le divorce a été permis chez les Romains, et n'a pas été fréquent.

427. — Le partage suivant le nombre des paysans, tel qu'il a été pratiqué jusqu'à présent, nuit à l'agriculture, rend les redevances très onéreuses, et met les derniers qui partagent dans la misère. Au lieu que le partage d'une succession, restreint à une certaine portion, seroit ce qui s'accorderoit le mieux avec tous les principes généraux, et ce qu'on pourroit faire de plus utile pour le bien public et particulier.

428. — Les mineurs jusqu'à ce qu'ils ayent atteint l'âge de majorité déterminée par les Loix sont membres de la famille, et non de la République; ainsi il est nécessaire de régler les Tutelles. Savoir :

429. — (1°) Pour les enfans que la mort de leurs parens a laissés en si bas âge, que l'on ne sauroit leur confier l'administration de leurs biens, crainte qu'ils ne se ruinent faute de prudence et de conduite.

430. — (2°) Pour les imbéciles ou pour ceux qui sont privés de raison.

431. — (3°) Pour ceux qui peuvent être réputés leur ressembler.

432. — Il y a des Pays libres où il est permis aux plus proches parens d'un homme qui a dissipé la moitié de son bien, ou qui a contracté des dettes équivalentes à cette moitié, de lui interdire l'administration de la moitié qui lui reste. Cette moitié partagée en plusieurs portions, on lui en assigne une pour la subsistance, les autres sont employées à acquitter ses dettes. Il lui est en même tems défendu de rien vendre ou engager de son bien. Lorsque ses dettes sont payées et qu'il s'est corrigé, on lui rend les biens que sa parenté avoit fait séquestrer pour son propre avantage ; mais dans le cas où il ne se seroit pas corrigé, on ne lui laisse que la jouissance des revenus.

433. — Il faut établir des règles pour tous ces différens cas, afin que chaque Citoyen se trouve garanti par la Loi de toute oppression et de toute violence.

434. — Les Loix qui donnent la Tutelle à la mère ont plus d'attention à la conservation de la personne du pupille ; celles qui la donnent au plus proche héritier ont plus d'égard à la conservation des biens.

435. — Chez les peuples dont les mœurs étoient corrompues, les Législateurs ont donné la Tutelle à la mère ; chez ceux ou les Loix doivent avoir de la confiance dans les mœurs des Citoyens, on donne la Tutelle au plus proche héritier, et quelquefois à tous les deux.

436. — Chez les Germains les femmes étoient dans une tutelle perpétuelle. Auguste ordonne que les femmes qui se trouveroient mères de trois enfans seroient hors de tutelle.

Le divorce contient les Époux dans les devoirs qu'ils se doivent ; les divorces favorisent les bonnes mœurs et la population, le divorce a un terme très prompt, par le partage des biens adjugés aux enfans.

Mais est-il nécessaire que le divorce soit sollicité en même tems par les deux Époux ? Si l'on repond affirmativement, il n'en sera que plus rare. C'est le consentement des Époux qui fait le mariage, union que la Loi approuve et constate et que le prêtre bénit. En Suisse, il y a des Loix assez sages sur le divorce, elles tendent toutes à la conservation des mœurs.

437. — Les Loix Romaines donnoient la liberté aux époux de se faire des dons avant le mariage ; après le mariage elles ne le permettoient plus.

438. — La Loi des Visigoths vouloit que l'époux ne put donner à celle qu'il devoit épouser au delà du dixième de ses biens, et qu'il ne put rien lui donner la première année de son mariage.

CHAPITRE XIX

439. — De la composition et du stile des Loix.

440. — Il faut que tout le Droit soit distribué en trois parties.

441. — La première partie sera intitulée Loix.

442. — La seconde partie prendra la dénomination de Règlemens qui se modifient suivant les circonstances.

443. — La troisième prendra le titre d'Ordonnances.

444. — On comprendra sous le nom de Loix toutes les dispositions qui ne sauroient être changées en aucun tems, et leur nombre ne sauroit être bien grand.

445. — Sous le nom de Règlemens qui se modifient suivant les circonstances, on entendra l'ordre selon lequel les affaires doivent se traiter, et les diverses instructions et dispositions qui s'y rapportent.

446. — Les Ordonnances comprennent tout ce qui est ordonné dans tel ou tel cas ; les choses purement accidentelles, et tout ce qui peut-être changé avec le tems.

447. — Il faut que dans le code des Loix chaque matière soit rangée sous le titre qui lui convient, comme par exemple : judicature, militaire, commerce, affaires civiles ou de police, affaires municipales, rurales, etc...

448. — Chaque Loi doit être exprimée d'une manière qui la rende intelligible à tout le monde, et aussi succinctement qu'il est possible. Ceci exige, sans contredit, que l'on y ajoute là où il sera nécessaire quelques éclaircissemens ou explications pour les Juges, afin qu'ils puissent comprendre et saisir d'autant plus aisément le sens et l'explication de la loi. Le Règlement militaire, qui est rempli d'exemples de pareilles explications, offre à cet égard un modèle très bon à suivre.

449. — On ne sauroit toutefois user de trop de circonspection à l'égard de ces éclaircissemens, parce qu'en voulant trop éclaircir la matière il arrive aisément qu'on ne fait que l'obscurcir davantage ; ce dont nous n'avons que trop d'exemples.

CHAPITRE XVII

Art. 449

La matière des Loix se diviseroit mieux en Loix naturelles, Loix civiles, conséquences des Lois naturelles, procédure.

Le nombre des Loix naturelles et de leurs conséquences les loix civiles est très étendu ; car il faut observer que si une Loi civile

450. — Lorsque dans une Loi les exceptions, limitations, modifications, ne sont point nécessaires, il vaut beaucoup mieux n'en point mettre ; de pareils détails jettent dans de nouveaux détails.

451. — Lorsqu'on fait tant que de rendre raison d'une Loi, il faut que cette raison soit digne d'elle. Une Loi Romaine décide qu'un aveugle ne peut pas plaider lui-même, parce qu'il ne voit pas les ornements de la Magistrature. Voilà une bien mauvaise raison, quand il s'en présentoit tant de bonnes.

452. — Les Loix ne doivent point être remplies de subtilités qu'enfante l'esprit : elles sont autant faites pour les gens de médiocre entendement que pour ceux qui ont le plus de pénétration ; elles ne sont point un art de Logique, mais la raison simple d'un Père qui s'intéresse au bien de ses enfans et de sa famille.

453. — Il faut qu'on ne voye dans les Loix que de la candeur ; faites pour punir le vice et la méchanceté, elles doivent avoir elles-mêmes la plus grande innocence.

454. — Le stile des Loix doit être concis et simple ; l'expression directe s'entend toujours mieux que l'expression réfléchie.

455. — Quand le stile des Loix est enflé, on ne les regarde que comme un ouvrage d'ostentation.

456. — Il faut éviter les expressions indéterminées, par exemple : La Loi d'un Empereur Grec punissoit de mort celui qui achetoit comme serf un affranchi, ou qui auroit voulu l'inquiéter. Il ne falloit point se servir d'une expression si vague : l'inquiétude que l'on cause à un homme dépend entièrement du degré de sa sensibilité.

---

n'est pas une conséquence d'une Loi naturelle, c'est une Loi arbitraire et, par conséquent, inutile et nuisible.

Si le peuple est le vrai législateur, il est le vrai réformateur des Loix.

Art. 450

Mais lorsqu'une loi comporteroit des exceptions, limitations ou modifications, que doit faire le juge dans un cas qui rentre dans ces exceptions, limitations, modifications non spécifiées ?

Art. 452, 453, 454, 455, 456.

Je ne sais si dans cette immensité d'intérêts divers qui lient ou séparent les nations, qui dans une même nation lient ou séparent les individus, le code peut jamais être un ouvrage aussi court, aussi simple et aussi clair qu'on l'imagine. J'en appelle à l'instruction même de S. M. pour la confection des Loix. Je ne demande pas qui est-ce qui est en état d'en approfondir, mais je demande chez toutes les nations policées où est l'homme du peuple qui soit en état d'en entendre tous les articles ? Cependant cette instruction est conçue dans les termes les plus simples et les plus clairs.

J'ajouterai ici une petite remarque : c'est qu'il n'y a gueres de problèmes de calcul intégral et différentiel qui ne soit plus aisé à résoudre qu'un problème d'économie politique, si l'on se propose une solution un peu rigoureuse. Il n'y a rien de possible en mathématique dont le génie de Newton ou de quelques-uns de ses successeurs n'ait pu se promettre de venir à bout. Je n'en dirois pas autant d'eux, dans les matières qui nous occupent ; on croit, au premier coup d'œil, n'avoir qu'une difficulté à résoudre ; mais bientôt cette difficulté en entraîne une autre, celle-ci une troisième, et ainsi de suite jusqu'à l'infini ; et l'on s'apperçoit qu'il faut ou renoncer au travail, ou embrasser à la fois le système immense de l'ordre social, sous peine de n'obtenir qu'un résultat incomplet et défectueux. Les données et le calcul varient selon la nature du Local, ses productions, son numéraire, ses ressources, ses liaisons, ses Loix, ses usages, son goût, son commerce et ses mœurs. Quel est l'homme assez instruit pour saisir tous ces élémens ? Quel est l'esprit assez juste pour ne les apprécier que ce qu'ils valent ? Toutes les connoissances des différentes branches de la société ne sont que des branches de l'arbre qui constitue la science de l'homme public. Il est ecclésiastique ; il est militaire ; il est magistrat ; il est financier ; il est commerçant ; il est agriculteur ; il a pesé les avantages et les obstacles auxquels il doit s'attendre, des passions, des rivalités, des intérêts particuliers, avec toutes les lumières qu'on peut acquérir sans génie ; avec tout le génie qu'on peut avoir reçu sans lumières, il ne fait que des fautes ; après cela est-il étonnant que tant d'erreurs se soient accréditées parmi le peuple, qui ne repète jamais que ce qu'il a entendu ; parmi les spéculateurs qui se laissent entraîner par l'esprit systématique, et qui ne balancent pas à conclure une vérité générale de quelques succès particuliers ; parmi les hommes d'affaires, tous plus ou moins asservis à la routine de leurs prédécesseurs, et plus ou moins retenus par les suites ruineuses d'une tentative hors d'usage ; parmi les hommes d'Etat que la naissance ou la protection conduisent aux places importantes où ils ne portent qu'une profonde ignorance qui les abandonne à la discrétion des subalternes corrompus qui les trompent ou qui les égarent. Dans toute société bien ordonnée il ne doit y avoir aucune matière sur laquelle on ne puisse librement s'exercer ; plus elle est grave et difficile, plus il est important qu'elle soit discutée ; or en est-il de plus importantes ou de plus compliquées que celles du gouvernement ? Qu'auroit donc de mieux à faire une cour qui aimeroit la vérité, que d'encourager

457. — Le stile du Code de Loix du Czar Alexei Michailowitsch de glorieuse mémoire est presque partout clair, simple et concis ; on l'entend citer avec plaisir, personne ne se trompe sur le sens des passages ; les expressions en sont intelligibles aux esprits les plus médiocres.

458. — Les Loix sont faites pour tous les hommes en général. Tous sont obligés de s'y conformer, il faut donc que tous puissent les comprendre.

459. — Il faut éviter le stile de Rhéteur, les expressions guindées, ampoulées et ne pas faire entrer dans la composition d'une Loi un seul mot inutile, afin que la chose ordonnée par la Loi puisse être comprise plus facilement.

460. — Il faut encore se garder que dans le nombre des Loix il ne s'en trouve aucune qui manque le but qu'on se propose ; qui soit féconde en paroles et stérile en pensées ; pompeuse dans les expressions, et d'une très petite importance quant au fond.

461. — Des Loix qui veulent faire envisager comme très importans des actes qui n'ont aucun rapport ni avec le vice, ni avec la vertu, produisent ce fâcheux effet, qu'elles font regarder des actes indispensables comme peu nécessaires.

462. — Les Loix qui fixent pour amende dans certains délits une somme déterminée doivent être revues, au moins tous les cinquante ans ; car une amende qui dans un tems pouvoit être insuffisante ne sera qu'un objet de rien dans un autre tems, parce que la valeur de l'argent diminue en

---

tous les esprits à s'en occuper ? Et quel jugement seroit-on autorisé à porter de celle qui en interdiroit l'étude, si ce n'est ou la méfiance de ses opérations ou la certitude qu'elles sont mauvaises ? Le vrai résumé d'un esprit prohibitif sur ce grand objet ne seroit-ce pas : *Le Souverain défend qu'on lui démontre que son ministre est un imbécile ou un fripon ? Car telle est sa volonté qu'il soit l'un ou l'autre sans qu'on y fasse aucune attention.*

Les questions d'économie politique veulent être longtems agitées avant que d'être éclaircies ; et malgré la difficulté d'une solution rigoureuse, c'est toujours le but qu'il faut se proposer ; il faut en approcher le plus près qu'on pourra ; bien espérer du tems et de l'éducation continue, et prier Dieu qu'il interrompe en notre faveur une Loi de nature : c'est de ne pas nous soumettre à une longue suite de fous, d'ignorans, de paresseux, de scélérats, de fripons entourés d'une haie impénétrable d'autres fripons, en attendant la naissance sur le trône d'un être qui soit digne de l'occuper.

Art. 457

Ce n'est pas assez que tous puissent les comprendre ; il faut que tous puissent les connoître. Il faut enseigner les lois communes à toutes les conditions de l'enfance. Malheur à celui qui dans un âge plus avancé ne s'instruira pas des Loix propres à son état.

raison de l'accroissement de la masse. On fait l'histoire de cet impertinent de Rome qui donnoît des soufflets à tous ceux qu'il rencontroit, et leur faisoit présenter les vingt-cinq sols prescrits par la Loi.

CHAPITRE XX

463. — Différens points qui exigent des éclaircissemens.

464. — (A) Du crime de Leze-Majesté :

465. — Sous ce titre on entend tous les délits contre la sûreté du Souverain et de l'État.

466. — Toutes les Loix doivent être énoncées en termes clairs et précis, mais il n'en est point où la sûreté des Citoyens dépende davantage de la manière dont elles sont énoncées, que les Loix contre le crime de Leze-Majesté.

467. — La liberté des Citoyens n'est jamais plus attaquée que dans les accusations publiques ou privées. Quel risque ne courroit-elle donc pas, s'il restoit quelque obscurité sur un point aussi important ? car c'est de la bonté des Loix criminelles que dépend principalement la liberté du Citoyen.

468. — Mais il ne faut pas confondre les Loix criminelles avec celles qui règlent la forme judiciaire.

469. — Lorsque la Loi décrit le crime de Leze-Majesté en termes vagues, elle fournit des prétextes à une infinité d'abus.

470. — Les Loix de la Chine, par exemple, décident que quiconque manque de respect à l'Empereur doit être puni de mort. Comme elles ne définissent pas ce que c'est que ce manquement de respect, tout peut fournir un prétexte pour ôter la vie à qui l'on veut, et exterminer la famille que l'on veut. Deux personnes chargées de faire la Gazette de la Cour, ayant mis dans quelque fait indifférent des circonstances qui ne se trouverent pas vraies, on dit que mentir dans une Gazette de la Cour, c'étoit manquer de respect à la Cour, et on les fait mourir. Un Prince ayant mis quelque note par mégarde sur un mémorial signé de l'Empereur, on décida qu'il avoit manqué de respect au Bogdo-Chan ; ce qui causa contre cette famille une des plus terribles persécutions.

471. — C'est un violent abus de donner le nom de crime de Leze-Majesté à une action qui ne l'est pas. Une loi des Empereurs Romains poursuivoit comme Sacrilèges et condamnoit à la mort ceux qui doutoient du mérite des personnes qu'ils avoient choisies pour quelque emploi.

472. — Une autre loi déclare les faux monnoyeurs coupables du crime de Leze-Majesté, tandis qu'ils ne pouvoient être envisagés que comme voleurs de l'Etat. C'était confondre les idées des choses.

473. — Porter sur un autre crime le nom de Leze-Majesté, c'est diminuer l'horreur du crime de Leze-Majesté.

Art. 462

Si cet homme n'eût donné qu'un soufflet, il n'auroit pas été trop impertinent ; car ce n'eût été que la critique d'une mauvaise Loi.

474. — Un gouvernement de Province ayant mandé à un Empereur Romain qu'il se préparoit à poursuivre comme criminel de Leze-Majesté un Juge qui avoit prononcé contre ces ordonnances, l'Empereur répondit que, sous son règne, les crimes de Leze-Majesté indirects n'avoient point lieu.

475. — Il se trouve encore au nombre de ces Loix Romaines une Loi qui ordonne de punir comme criminel de Leze-Majesté tout homme qui jetteroit quelque chose, fut-ce même par mégarde, contre les statues des Empereurs.

476. — Une loi d'Angleterre déclaroit coupable de haute trahison tous ceux qui prédiroient la mort du Roi. Dans la dernière maladie du Roi auteur de cette Loi, les médecins n'osoient jamais dire qu'il fut en danger, et ils agirent sans doute en conséquence.

477. — Un homme songea qu'il tuait le Roi ; celui-ci le fit mourir, disant qu'il n'y auroit pas songé la nuit s'il n'y eut pensé de jour. C'étoit une grande tirannie ; car quand même il y auroit pensé, il n'avoit pas attenté. Les Loix ne se chargent de punir que les actions extérieures.

478. — Quand on eut établi bien des crimes de Leze-Majesté, il fallut nécessairement distinguer et déterminer ces crimes. Par là on parvint à la fin à ne plus regarder comme tels que ceux qui contenoient un attentat contre la vie et la sureté du Souverain, ou une trahison contre l'État, et les peines les plus sévères furent pour lors réservées à ces crimes-là.

479. — De pareilles actions ne se commettent pas tous les jours ; bien des gens peuvent les remarquer ; une fausse accusation sur des faits peut être aisément éclaircie.

480. — Les paroles qui sont jointes à une action prennent la nature de cette action. Ainsi un homme qui va, par exemple, dans une place publique exhorter les sujets à la révolte, devient coupable de Leze-Majesté, parce que les paroles sont jointes à l'action et y participent. Ce ne sont point les paroles que l'on punit, mais une action commise dans laquelle on a employé ces paroles. Elles ne deviennent des crimes que lorsqu'elles préparent, qu'elles accompagnent ou qu'elles suivent une action criminelle. On renverse tout si l'on fait des paroles un crime capital, au lieu de les regarder comme le signe d'un crime capital.

481. — Rien ne rend le crime de Leze-Majesté plus arbitraire que quand des paroles indifférentes en deviennent la matière. Les discours sont si sujets à interprétation, il y a tant de différence entre l'indiscrétion et la malice, et il y en a si peu dans les expressions qu'elles employent, que la Loi ne peut guère soumettre les paroles à une peine capitale, à moins qu'elle ne déclare expressément celles qu'elle y soumet.

482. — Les paroles ne forment donc point un corps de délit. La plupart du tems elles ne signifient point par elles-mêmes, mais par le ton dont on les dit. Souvent en redisant les mêmes paroles, on ne rend pas le même sens ; ce sens dépend de la liaison qu'elles ont avec d'autres choses. Quelquefois le silence exprime plus que tous les discours. Il n'y a rien de si équivoque que tout cela. Comment donc en faire un crime aussi grand que

celui de Leze-Majesté, et punir de simples paroles comme l'action même ? Je ne prétends point diminuer l'indignation que l'on doit avoir contre ceux qui veulent flétrir la gloire de leur Prince, mais je dirai bien qu'une simple punition correctionnelle conviendra mieux dans ces occasions qu'une accusation de Lèze-Majesté, toujours terrible à l'innocence même.

483. — Les écrits contiennent quelque chose de plus permanent que les paroles ; mais lorsqu'ils ne préparent pas au crime de Leze-Majesté, ils ne sont point une matière du crime de Leze-Majesté.

484. — On défend les écrits satiriques dans les Monarchies, mais on en fait plutôt un sujet de police que de crime. Il faut bien se garder de pousser trop loin ces recherches, puisqu'il est à craindre que trop de rigueur à cet égard ne gêne et n'étouffe les talens de l'esprit. La contrainte engendre l'ignorance, elle anéantit les talens et ôte l'envie d'écrire.

485. — Il faut punir les calomniateurs.

486. — Il y a plusieurs États où la Loi ordonne, sous peine de la vie, de révéler les conspirations auxquelles même on n'a pas trempé, et dont on est informé sur un simple ouï-dire. Il est très juste que cette Loi soit observée dans sa plus grande sévérité dans tous les crimes de Leze-Majesté au premier chef.

487. — Enfin il est de la plus grande importance de ne pas confondre les différents degrés de ce crime.

488. — (B). DES JUGEMENTS PAR COMMISSAIRES.

489. — Une chose très inutile pour le Prince dans une Monarchie, ce sont les Commissaires nommés quelquefois pour juger un particulier. Il faudroit que de pareils Juges eussent bien de la probité et de la justice pour ne pas se croire toujours assez justifiés par les ordres qu'ils ont reçus, par un obscur intérêt de l'État, par le choix qu'on a fait d'eux et par leurs craintes mêmes. On tire si peu d'utilité de ces jugemens par commissaires qu'il ne vaut pas la peine qu'on change pour cela l'ordre des choses.

490. — Cela peut d'ailleurs donner lieu à des abus extrêmement préjudiciables à la tranquilité des Citoyens. En voici un exemple : en Angleterre il fut d'usage, sous plusieurs règnes, que lorsqu'on faisoit le procès à un Pair, on le faisoit juger par des commissaires tirés de la Chambre des Pairs ; avec cette méthode on fit mourir tous les Pairs qu'on voulut.

491. — Chez nous on a confondu souvent la commission remise à de pareils Juges d'instruire certains procès, et de donner simplement leurs avis, avec le pouvoir de prononcer une sentence dans les formes sur cette affaire.

492. — Il est cependant très différent d'informer une affaire, d'en rassembler toutes les circonstances ou de la juger définitivement.

493. — (C) RÈGLES TRÈS IMPORTANTES ET TRÈS NÉCESSAIRES.

494. — Dans un aussi grand Empire, dont la domination s'étend sur un si grand nombre de peuples différens, la tranquilité et la sûreté des Citoyens souffriront infiniment, si on les privoit de la liberté de leurs différens exercices de Religion.

495. — Il n'est effectivement point d'autre moyen de ramener toutes ces brebis égarées au vrai troupeau des fidèles qu'une sage tolérance envers

les Religions étrangères, autant que cela se peut sans déroger aux préceptes de notre Religion orthodoxe, et aux règles d'une saine politique.

496. — La persécution aigrit les esprits. La liberté de conscience, au contraire, amollit les cœurs les plus endurcis, ramène les opiniâtres de l'obstination la plus invétérée, et étouffe les disputes si funestes à la tranquilité de l'État, et si contraires à l'union qui doit régner entre les Citoyens.

497. — Il faut être très circonspect dans la poursuite de la Magie et de l'Hérésie. L'accusation de ces deux crimes peut extrêmement choquer la tranquilité, la liberté et le bonheur des Citoyens, et être la source d'une infinité de tirannies, si la législation ne sait la borner. Car comme cette poursuite ne porte pas directement sur les actions d'un citoyen, mais plutôt sur l'idée que l'on s'est faite de son caractère, elle devient dangereuse à proportion de l'ignorance du peuple ; et pour lors un Citoyen est toujours un danger, parce que la meilleure conduite du monde, les mœurs les plus pures, la pratique de tous les devoirs, ne sont point des garants contre les soupçons de ces crimes.

498. — Sous Manuel Commène, Empereur Grec, le Protostrator fut accusé d'avoir conspiré contre l'Empereur, et de s'être servi pour cela de certains secrets magiques, qui rendent les hommes invisibles.

499. — L'histoire de Constantinople nous apprend que sur une révélation qu'un miracle avoit cessé à cause de la magie d'un particulier, lui et son fils furent condamnés à la mort. De combien de choses, que le Juge devoit examiner, ce crime ne dépendoit-il pas ? 1° Que ce miracle eût cessé, 2° Qu'il y ait eu de la magie dans cette cessation, 3° Que la magie pût faire cesser les miracles, 4° Que ce particulier fût magicien, 5° Qu'il eût fait enfin cet acte de magie.

500. — L'Empereur Théodore Lascaris attribuoit sa maladie à la magie. Ceux qui en étoient accusés n'avoient d'autres ressources que de manier un fer chaud sans se brûler. C'étoit joindre au crime du monde le plus incertain les preuves les plus incertaines.

501. — (D) A QUOI PEUT-ON CONNOITRE SI UN ÉTAT TIRE VERS SA DÉCADENCE OU VERS SON ENTIÈRE DESTRUCTION ?

502. — La corruption de chaque Gouvernement commence presque toujours par celle des principes.

503. — Le principe d'un Gouvernement se corrompt, non seulement lorsqu'on perd le caractère national et l'esprit d'égalité que les Loix ont produits, mais encore quand on prend l'esprit d'égalité extrême, et que chacun veut être égal à celui que la Loi a établi son supérieur.

CHAPITRE XVIII

ART. 502 ET 503

A mesure qu'un peuple perd le sentiment de la Liberté et de la propriété, il se corrompt, il s'avilit, il penche vers la servitude. Quand il est esclave, il est perdu ; il ne se croit plus même propriétaire de sa vie. Il n'a plus de notion précise de juste et d'injuste. Sans le

504. — Si l'on cesse de respecter le Souverain, les Magistrats et ceux qui commandent, si l'on n'a pas du respect pour les vieillards, pour ses pères et mères, pour ses maîtres, il faut que l'État se précipite insensiblement vers sa ruine.

505. — Lorsque les principes du Gouvernement se corrompent, ce qui étoit MAXIME est appelé DURETÉ ou SÉVÉRITÉ ; aux règlemens on donne le nom de gêne, ce qui étoit zèle est qualifié de crainte. Le bien des particuliers formoit ci-devant le trésor public ; actuellement le trésor public devient l'héritage de quelques particuliers et l'amour de la Patrie s'évanouit.

506. — Pour conserver les principes du Gouvernement, il faut maintenir l'État dans la grandeur qu'il a ; cet État se détruira si l'on change de principes.

507. — Il y a deux genres de corruption ; l'un lorsqu'on n'observe point les Loix, l'autre lorsque les Loix sont mauvaises, qu'elles corrompent, et alors c'est un mal incurable, parce qu'il est dans le remède même.

508. — Un État peut changer aussi de deux manières, ou parce que sa constitution devient meilleure, ou parce qu'elle devient pire. Si les principes sont conservés lorsque la constitution change, le changement se fait en mieux ; mais si les principes sont perdus, l'État court à la destruction.

509. — Plus on voit augmenter les supplices, et plus on a à craindre pour l'État. Car les supplices augmentent à mesure que les mœurs manquent : ce qui produit encore la destruction des États.

510. — Ce qui perdit les dynasties de Tsin et de Sui, dit un auteur chinois, c'est qu'au lieu de se borner à une inspection générale, seule digne du Souverain, ces Princes voulurent tout gouverner immédiatement, et s'attirer toutes les affaires qui devoient être reglées, selon l'institution, par les différents Tribunaux.

511. — La Monarchie se perd encore lorsqu'un Prince croit qu'il montre plus sa puissance en changeant l'ordre des choses qu'en le suivant, et lorsqu'il est plus amoureux de ses fantaisies que de ses volontés dont émanent et sont émanées les Loix.

512. — Il est vrai qu'il y a des cas où la Puissance doit et peut agir dans toute sa plénitude, sans aucun danger pour l'État ; mais il y en a d'autres où elle doit agir dans les limites qu'elle s'est posées elle-même.

---

fanatisme qui lui inspire la haine pour les autres contrées, il n'auroit plus de patrie. Partout où ce fanatisme ne subsiste plus, les grands songent à s'expatrier, et les petits ne sont retenus que par la stupidité qui les engourdit ; ils ressemblent aux chiens malheureux, qui vont cherchant la maison où ils sont battus et mal nourris.

ART. 512

J'incline à croire qu'il n'y a aucun cas où la puissance puisse sans inconvénient franchir les limites qu'elle s'est imposée.

C'est une injure faite aux pouvoirs intermédiaires. C'est un pre-

513. — Le sublime de l'administration est de bien connoître quelle est la partie du pouvoir, grande ou petite, que l'on doit employer dans les diverses circonstances ; car dans les Monarchies la félicité du Gouvernement consiste en grande partie dans la douceur du Gouvernement.

514. — Les machines les plus parfaites sont celles où l'art a employé le moins de mouvemens, de forces et de rouages. Cette règle peut s'appliquer au Gouvernement ; les moyens les plus simples sont souvent les meilleurs, et les plus composés les pires.

515. — Il y a une certaine facilité dans le Gouvernement : il vaut mieux que le Prince encourage, et que ce soit les Loix qui menacent.

516. — C'est un ministre bien malhabile qui ne sait vous dire si ce n'est que le Prince est fâché ; qu'il est surpris ; qu'il usera d'autorité.

517. — Ce serait encore un grand malheur pour un État si personne n'osoit exposer ses craintes sur un événement futur, justifier ses mauvais succès, lorsqu'ils auroient été l'effet du caprice de la fortune, et si l'on n'osoit y dire librement sa pensée.

518. — Mais, dira-t-on, quand faut-il punir ? quand faut-il pardonner ? C'est une chose qui se fait mieux sentir qu'elle ne peut se prescrire. Quand la clémence a des dangers, ces dangers sont très visibles. On distingue aisément la clémence de cette foiblesse qui mène le Prince au mépris et à l'impuissance même de punir.

519. — Il est certain que la bonne opinion que l'on s'est faite de la gloire et de la puissance d'un Monarque peut augmenter la force de son État ; mais la réputation de sa justice n'y contribuera pas moins.

520. — Tout ceci ne sauroit plaire aux flatteurs qui répètent chaque jour à tous les Souverains de l'Univers que leurs peuples n'ont été créés que pour eux. Quant à Nous, Nous pensons, et Nous faisons gloire de le dire, que Nous n'existons que pour Nos peuples, et par certaine raison Nous Nous croyons obligés de dire les choses comme elles doivent être Car à Dieu ne plaise ! qu'après que cette Législation sera terminée, il y ait un peuple plus florissant que le nôtre ? Nos Loix auroient en ce cas manqué leur but ; malheur auquel Nous ne voudrions pas survivre.

521. — Nous n'avons cité dans le cours de cet ouvrage tant d'exemples et d'usages de diverses nations que dans la vue de faciliter le choix des moyens qui pourront, autant que l'humanité le comporte, rendre le peuple Russe le plus heureux de la terre.

522. — C'est à présent à la Commission à comparer chaque article du corps de Législation avec les principes que renferme la présente Instruction.

---

mier germe de méfiance semé par le Souverain. C'est un mauvais exemple donné à son successeur ; plus le cas sera grave, plus le monarque inspirera de confiance en sa parole et en sa modération ; plus il inspirera de respect pour les pouvoirs intermédiaires, s'il leur en abandonne la décision.

CONCLUSION

523. — Plusieurs diront, peut-être, après avoir lu cette Instruction : Chacun ne pourra pas la comprendre. Mais il est aisé de leur répondre. Certainement chacun ne la comprendra pas, s'il ne la lit qu'une fois et superficiellement. Mais il n'est personne qui ne puisse la saisir, si à mesure que les occurrences l'exigeront, chacun cherche à y puiser, avec l'application dont il est capable, ce qui doit le guider dans ses Jugemens. Il faudra réiterer souvent la lecture de cette Instruction, afin de se la rendre familière, et alors on peut être sûr qu'on la comprendra ; car,

524. — L'application et l'attention surmontent toutes les difficultés, tandis que la paresse et l'inattention détournent de tout bien.

525. — Mais pour faciliter en quelque manière un travail aussi pénible, Nous voulons que la présente Instruction soit lue une fois chaque mois dans l'assemblée générale de la Commission établie pour dresser le Projet d'un nouveau Code de Loix, et dans les assemblées particulières des Commissions subordonnées à la grande commission ; particulièrement les Chapitres et les Articles qui seront distribués à chacune de ces Commissions subalternes, pour être l'objet de son travail, et cela s'observera régulièrement tout le tems que la Commission subsistera.

526. — Toutefois comme rien de ce qui sort de la main des hommes n'est accompli en tous points, si dans le cours de son travail il se présentoit à la Commission quelque objet d'administration sur lequel Nous n'eussions point prescrit de règles dans la présente Instruction, il lui sera permis de Nous faire des représentations à cet égard et de Nous prier d'y suppléer.

L'original est signé de la propre main de Sa Majesté Impériale ainsi :

CATHERINE.

Moscou, le 30 *de juillet* 1767.
De l'Imprimerie du Sénat.

SUPPLÉMENT A LA GRANDE INSTRUCTION

CHAPITRE XXI

527. — DE LA POLICE.

528. — Sous le nom de Police on entend souvent l'ordre en général qui règne dans un État.

529. — Nous Nous expliquerons dans ce chapitre sur ce que Nous entendons ici sous le nom de Police.

530. — Tout ce qui sert au maintien du bon ordre dans la Société est du ressort de la Police.

531. — Les règlemens de cette partie sont d'une espèce tout à fait différente de celle des autres Loix civiles.

532. — Il y a des criminels qu'on punit.

533. — Il y en a d'autres qu'on corrige seulement .

534. — Les premiers sont soumis à la puissance de la Loi, les autres à

son autorité ; ceux-là sont retranchés de la société : on oblige ceux-ci de vivre selon les règles de la société.

535. — Les matières de Police sont des choses de chaque instant, et où il ne s'agit ordinairement que de peu : il n'y est donc pas question de beaucoup de formalité.

536. — La Police s'occupe perpétuellement de détails, c'est pourquoi l'examen et la discussion d'affaires dont la poursuite demande beaucoup de tems n'appartient pas à ce Tribunal. Dans beaucoup d'endroits, on renvoye au bout d'un certain nombre de jours connu et fixé les affaires aux tribunaux, auxquels elles appartiennent.

537. — Les actions de la Police doivent être promptes ; elles s'exercent sur des choses qui reviennent chaque jour. Les grandes punitions n'y sont donc pas propres, et les grands exemples ne sont pas faits pour elle.

538. — Elle a plus besoin de règlements que de Loix.

539. — Les gens qui relèvent d'elle sont sans cesse sous les yeux du Magistrat ; et des institutions sages concernant le bon ordre les empêchent de tomber dans de grands crimes.

540. — On ne doit donc pas confondre les grandes violations des Loix avec la violation de la simple police ; ces choses ne doivent pas être rangées dans la même classe.

541. — De là suit, par exemple, que l'action d'un certain sultan, qui ordonna d'empaler un boulanger, qui avoit été surpris en fraude, étoit l'action d'un tiran qui ne savoit être juste qu'en outrant la justice même.

CHAPITRE XIX

Art. 541

Un de nos ambassadeurs à la Porte avoit invité à dîner un cadi ; au milieu du dîner un émissaire s'approche de lui et lui dit un mot à l'oreille ; il se lève, sort et ne reparoit qu'au bout d'un quart d'heure ; l'ambassadeur lui demanda quelle affaire l'avoit appelé. Le cadi répondit : « On m'avoit averti qu'un boulanger vendoit son pain court ; je me suis transporté chez lui ; on a pesé son pain ; il s'est trouvé court ; son four étoit tout rouge, je l'ai fait prendre et jeter dedans, et c'est une affaire faite.» A ce récit tout le monde fut saisi d'effroi. Le cadi ajouta :« Il y a plus de cent ans que cela ne s'est fait ; de cent ans d'ici cela ne se refera. Son vol étoit un vol public qui tomboit sur la partie du peuple la plus malheureuse, celle qui achete son pain à la livre. Vous faites rouer celui qui brise le coffre-fort du financier, et vous ne voulez pas que je fasse brûler celui qui vole le pain du pauvre. Ce forfait est plus important que vous ne croyez ; et il est trop facile de le commettre avec impunité pour ne pas employer tout l'effroi du châtiment. »

Celui qui croit lire l'histoire de la sagesse d'un peuple dans l'his-

542. — Il est très nécessaire de distinguer les cas où l'on doit punir de ceux où il ne s'agit que de corriger.

543. — Ce n'est pas assez que d'avoir connu les désordres et d'en avoir imaginé les remèdes, il faut encore veiller à ce que ces remèdes soient appliqués lorsque le cas se présente.

544. — C'est là la partie du problème dont on propose ici la solution, qu'on néglige tout à fait dans plusieurs pays ; quoique sans elle, si l'on peut parler ainsi, les autres chaînons de la chaîne qui composent le Gouvernement de l'État se dérangent.

545. — Il en a été des règlemens de cette partie précisément comme de l'amas des maisons qui composent une ville, pour laquelle on n'a pas fait de plan avant que de la commencer. Dans une ville pareille, lorsqu'elle commence à se former, chacun s'établit dans le terrain qui lui convient le mieux, sans avoir égard à la régularité, ni à l'étendue de la place à occuper, et il se forme de là un assemblage monstrueux d'édifices, que des siècles entiers de soins et d'attention peuvent à peine débrouiller ou rendre réguliers. Les Loix qui regardent le bon ordre sont sujettes au même inconvénient.

546. — Le nombre de ces Loix s'accroît en raison du besoin qu'on en a mais de les arranger de manière, qu'il fût toujours facile de les faire et exécuter dans les occasions qui se présentent, ce seroit un chef-d'œuvre par rapport à cette branche de Loix.

547. — Il faut diviser ces règlemens en deux espèces :

548. — La première comprend la Police des villes.

549. — La seconde celle de la campagne.

550. — La dernière diffère de l'autre et par son objet, et par son étendue.

551. — Ces parties demandent qu'on ait soin de ce qui suit :

552. — (1°) De ne rien souffrir qui puisse troubler l'exercice du service divin dans les lieux qui y sont destinés, et de faire observer aux Citoyens dans les processions et autres cérémonies publiques l'ordre et la décence convenables.

553. — (2°) La pureté des mœurs fait le second objet de la police et embrasse tout ce qui est nécessaire pour réprimer le luxe, empêcher l'ivrognerie, faire cesser les jeux défendus, établir l'ordre convenable pour les bains publics et pour les spectacles, refréner la licence des gens de mauvaise vie et bannir de la société ceux qui abusent le public sous le nom de magiciens, devins, pronostiqueurs et autres imposteurs semblables.

554. — (3°) La santé, troisième objet de la Police, l'oblige d'étendre ses attentions sur la salubrité de l'air, la propreté des rues, des rivières, des

---

toire ou le recueil de ses Loix, se trompe grossièrement. Tout à été prévu, arrangé, ordonné, et rien ne s'est fait. Au tems ou Rome n'avoit que les douze tables Rome avoit des mœurs. Au tems ou l'on compila cet énorme et admirable corps du droit civil, Rome n'avoit plus de mœurs.

puits et des autres sources d'eau, sur la bonne qualité des comestibles et des boissons, enfin sur les maladies tant épidémiques que contagieuses.

555. — (4°) Qu'elle veille à la conservation des grains de toute espèce, lors même qu'ils sont encore sur pied, à celle du bétail, des prairies pour leur pâturage, de la pêche, etc... Il faut prescrire sur ces objets des règles générales, convenables aux circonstances et les précautions particulières qu'il sera nécessaire de prendre pour l'avenir.

556. — (5°) La sûreté et la solidité des bâtiments, les règles à observer à cet égard par les différents artistes et maîtres desquels dépend la solidité des bâtimens, l'entretien du pavé, la décoration et l'embellissement des villes, la liberté du passage à pied et à cheval dans les rues, les voitures publiques, les auberges, etc...

557. — (6°) La tranquilité publique demande qu'on prévienne les cas fortuits et autres accidents, tels que les incendies, les vols, etc... On prescrit donc pour la conservation de cette tranquilité certaines règles, comme, par-exemple, d'éteindre le feu aux heures fixées, de fermer les portes des maisons. On met au travail des vagabonds et gens sans aveu, ou on les bannit de la ville ; on défend le port d'armes aux personnes qui sont sans qualité pour en avoir, et on défend les assemblées illicites, la distribution d'écrits séditieux ou diffamatoires. Vers la fin du jour on a soin de pourvoir à la tranquilité et à la sûreté de la ville, et pendant la nuit on éclaire les rues de...

558. — (7°) On ordonne la justesse de l'uniformité des poids et mesures, et l'on empêche qu'il ne s'y commette de fraude.

559. — (8°) Les serviteurs de louage et les manouvriers sont aussi un des objets de ce Département, soit pour les contenir dans leur devoir, soit pour leur assurer le payement de la part de ceux qui les ont engagés.

560. — (9°) Enfin les pauvres et surtout les pauvres malades attirent l'attention de ce Département, tant pour mettre au travail les mendians qui ont l'usage de leurs bras et de leurs jambes, que pour procurer aux pauvres infirmes la nourriture et la guérison.

561. — Comme l'établissement de ce Département n'a pour but et pour fin que le bon ordre et les bonnes mœurs dans la société civile en général, il s'ensuit que chaque membre de la société, de quelque rang ou condition qu'il soit, est dépendant de ce tribunal.

562. — Là où finissent les bornes du pouvoir de la Police, là commence le pouvoir de la Juridiction civile.

563. — Par exemple, la Police arrête un voleur ou un criminel : elle l'interroge ; mais elle remet l'instruction et le jugement de son procès au département auquel il appartient.

564. — Il résulte de tout ce qui vient d'être dit qu'il ne convient pas à ce Tribunal d'infliger de grandes peines ; il suffit, pour réfréner la licence et tenir en ordre les choses qui lui sont confiées, que ces châtimens consistent dans des corrections, des amendes pécuniaires et d'autres punitions, qui couvrent de honte et d'infamie ceux qui se conduisent mal et qui vivent dans le désordre, et qui conservent à cette partie du Gouvernement la

considération qui lui est due, en tenant dans la soumission tout le reste des Citoyens.

565. — C'est une règle dans les tribunaux de n'y juger que les affaires qui leur sont présentées dans l'ordre convenable pour être jugées.

566. — La Police, au contraire, découvre le délit, et laissant le jugement de l'affaire à un autre département, elle la lui renvoye.

L'original est signé de la propre main de Sa Majesté Impériale ainsi :

CATHERINE.

Saint-Pétersbourg, le 28 *février* 1768.

De l'Imprimerie du Sénat.

CHAPITRE XXII

567. — Des Dépenses, des Revenus et de leur administration, c'est-à-dire de l'Economie de l'Etat, autrement nommée l'Administration des Finances.

568. — Ici chacun doit se dire à lui-même : Je suis homme ; rien de ce qui touche l'humanité ne sauroit m'être étranger.

569. — Ainsi : 1° l'on ne doit et l'on ne peut jamais oublier l'homme.

570. — 2° Presque tout ce qui se fait dans le monde par l'homme se fait pour l'homme qui fait presque tout.

571. — La première des deux propositions du paragraphe précédent, à cause de son importance, mérite toute l'attention possible.

572. — La seconde doit nous inspirer beaucoup de reconnaissance et une affection sincère pour ceux qui se donnent des peines.

573. — L'homme, quel qu'il soit, possesseur ou cultivateur, ouvrier ou marchand, consommateur oisif, ou contribuant par son industrie et son travail à la production des objets de consommation, maître ou sujet, c'est un homme : ce mot seul donne déjà une idée parfaite de tous les besoins et de tous les moyens d'y satisfaire.

574. — Combien plus de besoins n'a pas encore une multitude d'hommes réunis en société dans un État !

575. — Voici ce qu'on appelle les besoins de l'État, d'où dérivent les dépenses de l'État et qui consistent dans ce qui suit.

ART. 575

Cela est juste, mais que s'ensuit-il de là ? 1° Qu'un bon Souverain n'est qu'un Intendant fidel. 2° Qu'un Intendant qui demande à son maître plus que n'exigent les besoins de la maison, vole son maître. 3° Que dans une maison bien ordonnée, il n'y a point de voleurs dont l'on ne puisse et l'on ne doive faire justice. On pose bien le principe ; mais a-t-on le courage d'en tirer les conséquences ?

576. — La conservation de l'État en son entier exige : 1° l'entretien de la défense, c'est-à-dire des troupes de terre et de mer, des forteresses, de l'artillerie, et de tout ce qui y appartient.

Art. 576

Je ne sais comment les choses sont ordonnées ; ce sont ces hommes disponibles qui tuent les tirans dans les États despotiques, et qui enchaînent les peuples dans les États libres. Faites que la nature réunisse par une langue de terre deux continents que les eaux ont divisés, la France et l'Angleterre, et au même moment l'Angleterre aura besoin d'une milice nationale, le Souverain sera ou deviendra le chef de cette milice ; c'est lui qui nommera à tous les grades, et tous les soldats deviendront autant d'hommes disposés à enchaîner, même à tuer leurs pères, leurs mères, leurs concitoyens, au premier signe du Souverain. Je puis donc m'adresser également aux despotes et aux peuples libres, et leur dire ; vous « vous chancelerez « sans cesse sur le trône ; vous, vous porterez à jamais des chaînes, « vous serez éternellement abandonnés à la merci ou d'un enfant « insensé ou d'une bête féroce, si vous ne savez pas prendre quelque « mesure raisonnable contre ce Corps qu'on tire de vos foyers pour « les armer contre vous, et pour vous asservir ». Ce que je vous dis est peut-être une vision politique, mais qu'importe ? Je sais du moins que si j'avois été le législateur de l'Amérique septentrionale, la chose n'auroit pas été autrement.

La suite des révolutions amene toujours un moment où il seroit à souhaiter que tous les sujets d'un empire eussent été élevés comme s'ils devoient être soldats. Après deux ou trois grandes batailles perdues un Etat reste sans déffense. Il n'en seroit pas ainsi si l'art de la guerre devenoit une partie de l'éducation nationale. Quelle est la puisance qui oseroit attaquer une société dont les deffenseurs seroient toujours renaissans ? Mais dans une contrée où tous les hommes sont soldats. L'état militaire formant toute la nation, il appartient nécessairement à la nation. La nation n'est plus dans le cas de l'employer contre son chef, ni le Souverain de l'employer contre la nation. La nation est libre et l'est à jamais. Il n'est plus question de milice nationale susbistante. Il n'est plus question pour soutenir cette milice nationale subsistante d'épuiser les États de la société. Il n'est plus question de prendre des précautions pour reserver un nombre suffisant d'hommes disponibles.

Ils sont par état comme ils doivent l'être ; tous disponibles, quand le bien de tous sera en péril ; cette disponibilité surprendra quelquefois leurs fonctions civiles : mais rien n'est plus juste.

577. — 2° Le maintien du bon ordre dans l'intérieur, de la tranquilité et de la sûreté d'un chacun en particulier et de tous en général; l'entretien des personnes chargées de l'administration de la justice, du bon ordre et de l'inspection sur différents établissements servant à l'utilité publique.

578. — 3° Des entreprises tendant au même objet, comme la construction des villes, des chemins et des canaux, le curement des rivières, la fondation des écoles, des hôpitaux et une infinité d'autres objets que la brièveté que l'on se propose dans cet ouvrage ne permet pas de détailler ici.

579. — 4° La décence demande que l'abondance et la magnificence environnent le Throne, source de la félicité commune, et d'où découlent les récompenses, les encouragemens et les grâces. Pour tout ceci les dépenses sont nécessaires et utiles.

Si malgré cela l'on sent la nécessité d'un corps de milice subsistante, ce corps sera bien moins nombreux, il se renouvellera sans cesse, parce que tous les sujets de l'Etat auront chacun à leur tour leur tems de service, officiers et soldats.

Je ne m'étendrai pas sur la différence de cette nation avec toutes les nations, telles qu'elles sont aujourd'hui ; sur la différence de cette milice et d'une milice composée comme elle est partout, mais je ne la considérerai que relativement à la Liberté publique. Cela fait, choisissez l'espèce de Gouvernement qui vous conviendra et vous serez libres si vous avez deux habits, l'habit de magistrat, l'habit de médecin, l'habit de commerçant et l'habit de soldat. C'est sous ce dernier habit que vous irez faire vos représentations, en bon ordre, le sabre au côté, le fusil avec la bayonnette sur l'épaule. Elles seront écoutées, parce qu'elles seront à bout portant. Modelez-vous sur les Suisses, et vous serez libres comme eux.

Art. 578 et 579

Qui se contente de ne pas faire le mal, et qui préfère au plaisir de faire le bien public celui de satisfaire son inclination ou son caprice.

Cela n'est pas exact ; il ne faut pas dire : qui se contente de ne pas faire le mal; mais il faut dire : qui se contente de ne pas faire le plus grand bien et qui aime mieux concilier le bien public avec sa satisfaction particulière.

Celui qui fait élever un somptueux et bel édifice emploie les matières et les hommes du pays, il embellit la nation ; ces embellissemens y attirent et font séjourner les Étrangers qui laissent des sommes immenses dans la ville, parce que ceux qui voyagent sont communément des hommes puissans et qui traînent à leur suite de longs cortèges. Otez à l'Italie moderne ses Palais, ses ruines et ses tableaux, et vous comblez sa misère. C'est la faute de Rome ancienne qui soutient aux dépens de toutes les nations Rome moderne. Colbert dépensa des millions à un Carrousel qui rendit le double ou le triple de la dépense. On auroit fait en or cent fois la Vénus de Médicis et l'Apollon du Belvedère, si on y avoit employé tout ce qu'ils ont coûté aux curieux. Il y auroit un demi-pié d'or sur les tableaux de Raphaël, si on les eût couverts de celui que les Anglois, les François, les Allemands ont laissé autour de ces chefs-d'œuvre. Qu'au lieu de cette masure qui renferme l'histoire naturelle au fond du faubourg Saint-Marceau, on y élève à la nature un asyle ou un tombeau digne d'elle, et vous compterez après cela la dépense avec le produit ; avec ce principe des Économistes, nos appartements seroient couverts de nattes, et nos villes pleines de chaumières entourées de bonnes fortifications. Cependant la manufacture des Gobelins coûte plus à nos voisins qu'à nous. Si les musiciens Italiens sont ruineux, ce n'est pas pour l'Italie, et personne ne conseillera de fermer la porte du Conservatoire à Naples. Ce n'est pas en construisant un opéra qu'on a fait une sottise, mais c'est en faisant un bâtiment pauvre et mesquin qu'on ne daigne pas regarder. J'approuve fort qu'on fasse une belle salle de comédie, mais si cette salle n'est pas à comparer à l'ancien Colisée, elle ne rendra rien, c'est de l'argent sans aucun intérêt. Lorsque les beaux-arts, l'éloquence, l'histoire, la poësie, la peinture, la sculpture, l'architecture seront excitées par l'opulence naturelle, ils produiront de grandes choses ; lorsqu'ils concourront tous à illustrer les vertus et les talens, ils rendront la nation meilleure. Un bon citoyen n'est pas celui qui se contente de ne pas faire le mal. Un bon citoyen est celui qui fait le plus grand bien ; et si le plus grand bien est de tourner tout son superflu à la reproduction, j'avoue que je ne veux pas habiter une pareille société, et que si j'en suis éloigné, je ne serai guere tenté de la venir voir. Avec l'aisance, le goût des commodités augmente ; peu à peu ce goût s'avance jusqu'à l'extrême recherche ; chemin faisant il produit des choses qui sont belles et qui ne sont pas sans utilité. car le beau ne se sépare point de l'utile. Je ne veux point arrêter ce progrès. Si la reproduction est la limite de l'utile, et si cette limite ne peut être franchie sans cesser d'être bon, toutes les mathématiques se réduisent à quatre pages, toute la mécanique à six propositions, toute l'hydraulique à deux expériences, toute l'astronomie à rien ; toute la physique à l'étude des engrais, toute science à l'économie politique et domestique, tous les beaux-arts sont supprimés ou réduits à la grossièreté chinoise, toutes les manufactures restraintes au travail des matières de première nécessité. Ces visions suivies jusqu'où une bonne logique pouroit les conduire, ont mis

580. — Après avoir donné une courte description des dépenses de l'État, il faut parler aussi de ses revenus et des moyens par lesquels ces impôts peuvent être rendus supportables.

581. — Les impôts sont, comme il a été indiqué ci-dessus, un tribut que chaque citoyen paye pour la conservation de son bien-être, de sa vie et de ses biens.

582. — Mais 1° sur quels objets faut-il établir les impôts ?

---

l'homme de Rousseau à quatre pattes, et celui des Economistes à la queue d'une charue. C'est que ces honnêtes gens-là n'ont jamais vu que la pointe de leur clocher. Ces derniers ont oublié un de leurs grands principes, c'est que quand tout du reste est bien ordonné, les choses se mettent d'elles-mêmes de niveau. Ordonnez bien trois ou quatre points importants et abandonnez le reste à l'intérêt et au goût des particuliers, et surtout songez bien à ne pas prendre la cause pour l'effet, ou l'effet pour la cause. Ce ne sont pas les beaux-arts qui ont corrompu les mœurs ; ce ne sont pas les sciences qui ont dépravé les hommes. Etudiez bien l'histoire et vous verrez que tout au contraire la corruption des mœurs occasionnée par des causes tout à fait différentes a toujours amené à sa suite la corruption du goût ; la dégradation des beaux arts, le mépris des sciences, l'ignorance, l'imbécilité et la barbarie, non celle dont la nation était sortie, mais une barbarie dont elle ne sort plus.

La première est d'un peuple qui n'a pas encore les yeux ouverts ; la seconde est d'un peuple qui a les yeux crevés.

CHAPITRE XX

Art. 582

Les observations sur cet article tendent à réduire tous les impôts à un seul : l'impôt territorial. J'avoue que je n'ai pas encore des idées nettes sur ce point important.

Je vois seulement, 1° que cette spéculation, si l'impôt n'est pas perçu en nature de fruits, demande des opérations longues et difficiles, et cependant préliminaires, un cadastre général ; comment fait-on un cadastre général ? De la France par exemple ? Comment le fait-on assez bien pour servir de mesure à l'impôt ? Bien fait, il est sujet à des vicissitudes perpétuelles. 2° L'impôt unique et territorial attache au Souverain un titre de co-propriétaire général ; et cette conséquence m'effarouche pour la suite des tems. 3° Ce moyen entraîne une parfaite connoissance de toutes les ressources des sujets ; et je ne suis pas fâché qu'il y ait beaucoup de richesses occultes. Celui qui ne calcule pas sur vingt mauvais Souverains pour

583. — 2° Comment les rendre moins onéreux pour le peuple ?
584. — 3° Comment diminuer les frais de la perception ?
585. — 4° Comment assurer les revenus ?

---

un bon, calcule mal. Toute spéculation politique doit être subordonnée aux Loix de la nature; sans cela, avantageuse pour un instant, elle est funeste pendant une longue suite de siècles.

ART. 583

Tout cela est fort beau. Il est évident que ni la qualité de l'impôt, ni sa repartition ne doivent être arbitraires ni de la part du fisc, ni de la part du contribuable.

Mais comment se garantir de l'arbitraire d'un fisc soit avare, soit avide et qui a quatre cent mille mains pour prendre et autant de bras pour assomer. Tout rentre toujours dans la grande difficulté, celle de limiter l'autorité souveraine.

L'impôt unique est le plus funeste de tous, s'il ne s'assied pas également sur tous. Réduisez à cette condition si vous le pouvez les grands, les nobles, les militaires, les magistrats et les Ecclésiastiques. C'est à un François que je m'adresse, tâchez de réduire toutes les conditions à une seule.

Un des avantages de la multiplicité des impôts, telle qu'elle existe parmi nous, c'est que, foulé d'un côté, je suis soulagé de l'autre. C'est que de tems en tems quelques-uns de ces impôts sont éteints, et c'est quelquefois celui qui me lésoit le plus qui finit tout à coup.

D'ailleurs, il n'est pas possible de toucher à l'impôt unique sans mettre en un moment toute une nation au désespoir. Doit-on exposer un fou à cette folie ? En un trait de plume, on voit jusqu'où cet impôt unique peut être poussé. Doit-on, peut-on sans conséquence autoriser un tiran à nous mener jusqu'à cette ligne de démarcation ? Garantissez-moi une longue génération de rois sages et je consens à l'impôt unique. Si vous ne le pouvez, permettez que j'y pense et que je me méfie d'une si belle spéculation.

Il y a le mieux de la chose, et le mieux relatif aux personnes et aux lieux. L'impôt territorial ou direct est certainement le mieux de la chose ; mais est-il le mieux relatif aux personnes, sous un Gouvernement héréditaire où le trône passe à un enfant despote et méchant ?

L'impôt unique et direct s'accorde à merveille avec la pure démocratie ; s'accorde-t-il bien avec la monarchie ? et les autres sortes de Gouvernemens ?

586. — 5° Comment les administrer ?

587.— Ce sont là des questions dont la solution est très nécessaire, quoique très difficile.

588. — Quant à la première, on compte cinq objets sur lesquels on établit communément des impôts : (A) les personnes ; (B) les biens ; (C) les productions du pays qui s'y consomment par les habitans ; (D) les marchandises d'exportation et d'importation ; (E) les actions.

589. — Quant à la seconde, on regarde comme moins onéreuses les impositions qui se payent volontairement et qui sont exemptes de contrainte, qui portent davantage sur le général des habitans de l'État et augmentent en raison de l'accroissement du luxe.

590. — Mais pour rendre, autant qu'il est possible, le poids des impôts moins sensible aux sujets, il faut observer constamment la règle d'éviter en toute occasion les monopoles, c'est-à-dire de ne point donner à un seul, à l'exclusion de tous les autres, le droit de trafiquer de telle ou telle chose.

591.—Quant à la troisième, la diminution des frais de perception demande une discussion du détail et des moyens pour en exclure tout ce qui occasionne quelquefois des fraix inutiles.

592. — Quant à la quatrième : Plus le peuple sera à son aise, plus il sera en état de payer exactement.

593. — On peut faire mention ici qu'en général il y a des impôts qui, par leur nature, sont sujets à beaucoup de difficultés et à certains inconvéneins auxquels il faudroit remédier par quelque moyen, et qu'il y en a d'autres, qui, si l'on décompte les fraix que cause leur levée, sont extrêmement modiques.

594. — Il faut examiner aussi d'où vient qu'en certains endroits il y a des non-valeurs ?

595. — Seroit-ce parce qu'il circule moins d'argent dans ces endroits-là que dans d'autres ?

596. — Ou parce que l'exportation du superflu y est difficile ?

Art. 590

Eviter en toute occasion le monopole. Je crois qu'il n'y a point de Loi prohibitive à faire contre le monopole. Un particulier a le droit d'acheter tout le grain d'une province, s'il en a le moyen. Le monopole n'est dangereux que dans deux circonstances. La première lorsqu'il est fait par le Souverain ; la deuxième lorsqu'il devient un privilège exclusif de quelque particulier protégé. Tout ce détail de privilèges exclusifs et de monopoles est vrai ; c'est une grande playe. Le cas le plus favorable du privilège exclusif est celui où l'inventeur a consumé sa fortune et sa vie à la recherche de son invention ; alors il faut absolument que la société achete l'invention.

Question : Une nation doit-elle rendre publique une invention utile qui Lui est propre ?

597. — Ou parce qu'il ne s'y trouve pas encore assez d'arts et de métiers ?

598. — Ou parce que le peuple y trouve peu de moyens de s'enrichir ?

599. — Ou bien cela provient-il de la paresse ou d'une oppression plus forte qu'ailleurs ?

600. — Il faut, quant à la cinquième question, parler de la régie publique des revenus, ou de l'économie, autrement dite l'Administration des Finances. Mais Nous comprenons tout cela sous le nom d'Économie de l'État.

601. — Il a été indiqué plus haut qu'on compte cinq objets de revenu. Mais les impôts sont dans un État ce que sont les voiles dans un vaisseau, pour le conduire, l'assurer, l'amener au port désiré, non pas pour le charger, le tenir toujours en mer et finalement le submerger.

602. — Qui ne juge des finances que par l'argent n'en voit que le résultat et n'en comprend pas les principes. Mais qui les examinera avec plus d'attention et les approfondira mieux, en trouvera et le principe et l'objet, ainsi que le moyen des opérations les plus intéressantes pour le Gouvernement.

603. — Quelle est la base, quel est le fondement principal qui forme la solidité de cet édifice ? Ce sont sans contredit les hommes.

604. — D'où il suit qu'il est de nécessité : 1° d'encourager la population pour avoir un grand nombre d'hommes dans l'État.

605. — 2° De les employer utilement et en nombre suffisant proportionnement à leur quantité et à l'étendue du terrain ; de favoriser et de secourir les différentes professions, suivant leurs différents degrés de nécessité et d'utilité.

Art. 601

On a bien démontré l'arbitraire de l'impôt sur les personnes et sur les choses commerçables. Mais il me semble qu'on a glissé légèrement sur les consommations.

La consommation est une imposition : 1° libre, 2° assez équitable, car on consomme en raison de sa fortune, ou l'on n'use pas de sa fortune ; 3° très générale, car elle s'étend sur toutes sortes de richesses ; l'homme à porte feuille y est assujetti. Je ne prétends pas déffendre l'impôt sur la consommation, mais j'aurois désiré qu'on m'en eût mieux exposé l'injustice, et surtout son influence sur l'état du paysan.

CHAPITRE XXI

Art. 605

Levez tous les embarras de la circulation intérieure et des Echanges au dehors, protégez le commerce, le favoriser sans s'en mêler, jamais un souverain n'entendra aussi bien les intérêts du commerce que le commerçant. Le prix des denrées s'établit de lui-même.

606. — Ici, l'agriculture vient se placer elle-même au premier rang ; car comme c'est elle seule qui nourrit les hommes, elle seule aussi peut les mettre en état d'avoir tout le reste. Sans l'agriculture, point de matières premières pour être employées par les manufactures et les métiers.

607. — Il est du devoir de l'Économie de trouver les moyens d'encourager les possesseurs : 1° à mettre en valeur les terres de toute espèce, quels qu'en soient l'usage et les productions; 2° à tâcher d'augmenter et de multiplier les fruits, les bois, les arbres et toutes les productions qui couvrent la surface de la terre; 3° à multiplier la race des animaux de tout genre et de toute espèce, qui marchent sur la terre et qui volent dans les airs, qui servent à fortifier la terre et qu'elle nourrit à son tour; 4° à employer à leur profit les métaux, les sels, les pierres et autres minéraux cachés dans l'intérieur de la terre, et que par nos travaux nous arrachons de son sein; 5° de même les poissons et tout ce que renferment les eaux.

608. — Voilà la base et le fond du commerce. Par le commerce toutes ces choses entrent dans la circulation intérieure de l'État, ou bien se portent à l'étranger.

609. — Le commerce intérieur n'en est point un proprement dit ; ce n'est autre chose qu'une simple circulation.

610. — Le véritable commerce est celui au moyen duquel l'État se procure des pays étrangers les choses nécessaires qui lui manquent et envoie hors de ses limites ce qu'il a de superflu.

611. — Mais l'exportation et l'importation des marchandises sont assujetties à des Loix différentes suivant leurs différents objets.

612. — Le commerce qui se fait au dehors n'est pas toujours le même.

613. — Un commerce bien réglé et soigneusement administré vivifie tout, soutient tout. S'il est extérieur, et que la balance nous soit favorable; s'il est intérieur, et que la circulation ne rencontre point d'obstacle et n'ait point d'entraves, il doit dans l'un et l'autre cas nécessairement procurer l'abondance universelle et permanente de la Nation.

L'agriculture, la population et le commerce se tiennent indivisiblement ; leur décadence et leur propriété sont les suites d'une seule et même cause. Ne point donner de coups de pied dans la ruche, laisser travailler les abeilles en repos.

Art. 613

Je ne sais si la distinction du commerçant national et de la nation est bien fondée. Dans l'état d'imposition où sont les choses, il est, ce me semble, évident que le fisc y gagne ou les contribuables. Dans tout état d'imposition, il me semble que le commerçant riche boit, mange, vend, achète, fait bâtir, peuple, etc... et que sous tous ces aspects sa richesse se confond avec la richesse nationale.

614. — De là naissent les richesses, qui sont: 1° richesses naturelles ou acquises.

615. — 2° Réelles ou d'opinion.

616. — Parmi les richesses naturelles, on peut compter le génie des habitans, qui étant éclairé, encouragé et augmenté par l'émulation, peut être porté bien loin, et par ses progrès procurer à l'État et aux particuliers des avantages considérables.

617. — Un sol bien connu et soigneusement cultivé donne une riche récolte et une abondance de toutes sortes de choses nécessaires, utiles et agréables.

618. — Les richesses acquises sont celles qui proviennent de l'industrie

---

Art. 614

Je ne saurois guere m'imaginer qu'une nation puisse s'enrichir par le commerce, que lorsque: 1° elle ne manque de rien; 2° elle jouit exclusivement à toutes les nations d'une denrée dont elle seule fait le commerce ; 3° elle a plus de cette denrée qu'elle n'en peut consommer.

Un corollaire nécessaire de cet avantage, c'est que l'industrie se tournera tout entière vers cette denrée unique et restreindra son travail et ses efforts au besoin absolu des autres côtés. Un cas qui n'est pas imaginaire, c'est qu'elle négligera même totalement une sorte de production si les efforts tournés vers la production unique lui rendoient plus que ses efforts partagés.

Une tête assez vaste pour embrasser tous les rapports des nations qui échangent les unes avec les autres verroit à chaque instant le prix réel d'une chose quelconque. Cette partie du globe n'est qu'un grand et vaste marché où tout s'exécute en grand comme dans une foire d'églises en petit. Il n'y a que trois élémens à combiner : la quantité de l'abondance, plus ou moins grande ; le nombre plus ou moins grand des vendeurs ; le nombre plus ou moins grand des acquéreurs, deux sortes de concurrences opposées.

De même qu'il y a une possession nationale de denrées exclusives il y a une possession d'industrie exclusive.

Ou vous n'avez pas la chose, et vous êtes pauvre, ou vous l'avez et ne savez pas la manufacturer, et c'est comme si vous en étiez pauvre. On vous la manufacture moins bien qu'une nation voisine, et c'est encore à votre désavantage ; c'est presque comme si votre sol vous la donnoit moins bonne.

Art. 618

Tout représente l'argent, comme l'argent représente tout. L'idée de regarder l'argent comme un gage intermédiaire qui circule entre des

et de l'application qui règnent dans les métiers, les manufactures, les arts et les sciences.

619. — L'encouragement contribue beaucoup à leurs progrès et à les porter à leur dernière perfection.

620. — On doit encore envisager comme richesses acquises la navigation intérieure, facilitée par des canaux creusés exprès dans les endroits qui, faute de cela, ne pourroient donner passage aux bateaux; l'extérieure augmentée par le commerce maritime, celui de terre accru, facilité et rendu plus sûr par la construction, le rétablissement, l'entretien et la solidité des grands chemins, ponts et digues.

621. — Le nombre des choses qui se rapportent à cela est si grand qu'on ne sauroit désigner que les principales, et celles-ci mêmes se trouvent continuellement sujettes au changement, suivant les besoins et les différentes vues. Il suffira d'avoir donné une idée de ce que Nous entendons sous le nom d'Économie de l'État. On laisse le soin d'approfondir le reste à ceux qui procèdent à l'exécution de cette partie intéressante.

622. — Les richesses de l'État peuvent encore être regardées, les unes comme richesses réelles, les autres comme richesses d'opinion.

---

consommateurs est très juste, si juste qu'il y a des sacs d'argent qui ont passé par mille mains en trois ou quatre ans et qui passeront encore en autant de tems, en autant de mains sans être ouverts.

Je vous donne ce qui vous manque ; vous me donnez un gage ou une assurance qu'un autre me donnera ce que je n'ai pas.

Art. 622

L'herbe croît sur le pré, tandis que l'écu reste le même dans ma bourse. Si j'employe mon écu, l'aurai-je employé à acheter de l'herbe ? L'herbe achetée périt ; et l'herbe continue de croître sur le pré. A la longue la touffe d'herbe qui continue toujours de croître sur le pré vaut mieux que l'écu.

Mais l'herbe ne croît pas sans travail, sans dépense sur le pré, et l'homme sage travaille son écu. Ils ont chacun leurs frais de culture et leur produit net. La seule différence que j'y vois, c'est que l'herbe nourrit et qu'on ne sauroit manger son écu. L'herbe va chercher l'écu ; l'écu vient chercher l'herbe. La pluie, la sécheresse, la grêle ont mis presque toutes ces sortes de richesses de niveau ; il est rare que la disette soit générale dans toutes les provinces de la France. Il est encore plus rare qu'il n'y ait pas une contrée en Europe où l'écu hollandais ne puisse aller chercher l'abondance.

L'écu enfoui dans le sillon est mis à un jeu de hasard où l'on est presque sûr de gagner gros. L'écu mis dans le commerce a ses risques et ses rentrées plus ou moins considérables. De toutes les den-

623. — Les réelles sont ou biens immeubles, ou effets mobiliers.

624. — Elles appartiennent ou au Souverain, ou aux particuliers.

625. — Les richesses du Souverain sont ou simplement seigneuriales, en tant que certaines terres ou effets lui appartiennent à titre de seigneur

---

rées, l'écu est celle qui se conserve le plus longtems sans déchet. L'écu qui se repose ne produit rien, ni la terre non plus. L'écu peut rendre toute l'année sans dépenser. La terre ne rend que dans un moment et dépense toujours.

Un particulier dans l'état actuel des choses peut dire sans folie : donnez-moi de la terre ou des écus, c'est la même chose pour moi. Mais ce qui est vrai dans sa bourse seroit faux d'une contrée. La contrée agricole a la chose ; la contrée pécunieuse n'a que le signe. La contrée agricole peut se passer du signe et la pécunieuse ne peut se passer de la chose. Avec le tems, la contrée agricole aura le signe et la chose ; et la contrée pecunieuse n'aura plus rien. Mais quand la contrée agricole aura la chose et le signe, et que la pécunieuse n'aura plus rien, à quoi servira le signe à la contrée agricole ? A peu de chose. Elle ne peut jetter la moitié dans la mer sans s'appauvrir ni se gêner.

Que font donc ceux qui exploitent les mines du Pérou ? Ils augmentent sans cesse la quantité du signe ; leurs travaux sont toujours les mêmes ; et le signe qu'ils multiplient perd sa valeur à mesure qu'il se multiplie. S'ils étoient les maîtres de le multiplier à discrétion, ils en anéantiroient l'usage, ils n'auroient plus rien ; et ils auroient ramené les Échanges à leur embarras primitif. Insensés, nous avons assez d'or et d'argent ou de signes ; fermez vos mines et labourez.

Art. 624

Je fais un achat, et pour la chose achetée, je paye vingt-cinq louis. Je n'ai point d'argent, et au lieu de vingt-cinq louis je donne un effet quelconque de cette valeur. C'est la même chose ; et mes vingt-cinq louis et mon effet sont également une assurance pour le vendeur d'acquérir ce qui lui manque, et c'est en ce sens beaucoup plus étendu que celui de l'article 624 que l'or et l'argent sont ou matières brutes ou marchandises fabriquées.

CHAPITRE XXII

Art. 625

Je ne saurois souffrir qu'un Souverain ait des domaines qui lui soient propres. 1° Ces domaines sont mal administrés ; ils entraînent plus de dépense et rendent moins ; 2° soustraits à l'imposition,

particulier, ou richesses de Souverain, qui possède à ce titre, qu'il tient de Dieu, tout ce qui forme le trésor public.

626. — Les richesses des particuliers sont celles qu'ils possèdent comme Citoyens, dont les biens sont la base des richesses réelles de l'État, de deux manières : 1° par les productions de toute espèce qu'ils font entrer dans le commerce et dans la circulation, 2° par les impositions qu'un particulier ne sauroit payer qu'au moyen de ces mêmes productions.

627. — Les richesses réelles qui consistent dans les revenus sont ou fixes ou casuelles, et elles appartiennent, ainsi que les fonds, ou au Souverain ou au particulier.

628. — Les revenus qui appartiennent au Souverain sont pareillement de deux espèces. Ils sont à lui ou à titre de seigneur particulier, ou bien à cause de la Couronne.

629. — Le Souverain possède les premiers par lui-même.

630. — Mais à titre de Souverain il compte : 1° tout le produit du Domaine dans toute son étendue, 2° les impositions sur ce que les autres possèdent.

631. — A l'égard de ce dernier revenu, un sage Monarque ne l'augmente jamais qu'à regret et toujours en observant soigneusement que la répartition des impôts se fasse proportionnément aux facultés des sujets ; qu'elle n'excède pas leurs forces, par rapport à leurs biens ; qu'elle ne charge les Citoyens que ce qu'ils peuvent naturellement supporter, et qu'on peut équitablement leur demander.

---

le peuple est surchargé du fardeau qu'ils ne portent pas. 3° Ils sont tous engagés et un engagiste est un homme qui se garde bien d'améliorer un fonds qui ne lui appartient pas, et qui ne manque jamais d'en tirer tout ce qu'il peut, tandis qu'il le possède, et de le ravager. Pourquoi ne pas aliéner ? Le fonds en seroit appliqué aux besoins de l'État ; si l'État n'avoit point de dettes à acquitter, il dépenseroit moins. Ces domaines rendroient davantage ; ils seroient sans cesse améliorés et fourniroient au fisc en raison de leur valeur. Quant aux biens que je désignerai sous le nom d'apanage de la Souveraineté, moins ils seront considérables, et mieux ce sera. Un bon Roi n'a rien. Plus il est riche, plus ses sujets sont pauvres ; et plus il est pauvre, plus ses sujets sont riches. Un mauvais Roi est celui qui a un intérêt séparé de l'intérêt de son peuple.

Art. 630 et 631

Il n'y a rien dans ce paragraphe de ce que j'y cherche ; on y parle des revenus du Roi. Le Roi n'a point de revenus. Mais il est à la tête d'une nombreuse famille qui a des besoins, et il est l'administrateur de fonds destinés à y satisfaire. Ces fonds employés et les besoins satisfaits, reste zéro. Dans ces besoins je comprends les dépenses de sa maison.

632. — Il faut qu'en faisant les recouvrements on observe autant d'exactitude que de modération et d'humanité.

633. — Observons ici que l'or et l'argent, qui sont tour à tour marchandises et signes représentatifs de tout ce qui peut être échangé, se tirent ou des mines ou du commerce.

Les dépenses de sa maison seront bien modiques s'il pense qu'elles se font aux dépens d'autrui. Je ne connois rien de si raisonnable que la réponse d'un homme de cour à son souverain qui remarquoit que son courtisan étoit mieux vêtu que lui. Cela est comme cela doit être, lui dit le Courtisan ; et pourquoi cela ? C'est que je paye mon habit et le vôtre.

La Tyrannie naît du préjugé que le peuple est fait pour le Souverain ; la dissipation et le faste sont des suites du préjugé qu'il est le maître de la maison dont il n'est que l'économe et l'intendant.

Art. 633

C'est ici le lieu de traiter de l'usure.

Si une nation n'avoit aucun commerce avec les nations circonvoisines, il lui seroit presque indifférent d'avoir beaucoup ou peu d'argent. Le monde n'est donc pas plus riche qu'il n'étoit avant l'ouverture des mines du Pérou. Il y a plus d'argent sur la grande foire, mais qu'est-ce que cela fait ? Mais sur cette grande foire où l'on vend tout, et où les vendeurs et les acquéreurs sont de diverses nations, entre lesquelles l'assurance ou le gage des échanges est inégalement partagé, il y a des acquéreurs qui peuvent plus facilement ou plus difficilement acquérir, tout étant égal d'ailleurs.

Ce que je viens de dire de la grande foire ou du marché commun de toutes les nations, je puis le dire d'une foire ou d'un marché particulier d'une seule. Sur ce marché le gage des échanges est plus ou moins commun. Le gage des Échanges est plus ou moins inégalement partagé. Comment donc est-il possible d'assigner un prix constant et fixe à ce gage des échanges ? Surtout, si l'on vient à considérer le parti plus ou moins avantageux que chacun peut en tirer dans son état.

C'est donc une opération aussi ridicule de fixer un prix à l'argent que d'en fixer un aux concombres. L'argent est une denrée qu'il faut abandonner à elle-même comme les autres ; elle doit hausser et baisser de prix par mille incidens divers : et toute police sur ce point ne peut qu'être absurde et nuisible.

La concurrence générale qui naîtroit d'une liberté illimitée de commercer l'argent en réduiroit nécessairement l'intérêt. Les

Emprunts ruineux auxquels on veut remédier seroient moins frequens, l'emprunteur n'ayant qu'à payer le prix de l'argent emprunté ; au lieu que dans l'état actuel il faut y ajouter le prix que l'usurier met à sa conscience, a son honneur et au péril d'une action illicite ; prix d'autant plus fort que le nombre des usuriers est plus rare et la loi prohibitive plus rigoureusement observée.

La loi de l'intérêt est injuste et toute Loi injuste ne peut être que mauvaise, puisqu'en diminuant la concurrence entre les vendeurs, elle rend la chose vénale plus chere.

La loi contre l'usure est propre à faire les usuriers, pour qui elle devient un privilège exclusif du commerce de l'argent, s'ils veulent risquer l'infamie. La loi contre l'usure accélère la ruine des foux en diminuant le nombre de ceux à qui ils peuvent s'adresser ; il faut qu'ils payent la chose et le péril.

Puisque tout représente l'argent et qu'il n'y a point de Loi sur le prix des autres marchandises, en dépit du Législateur ou de son consentement, l'usure se pratique sous cent autres formes et souvent infiniment plus pernicieuses. On n'achète pas de l'argent, mais on achète du velours dont on fait de l'argent. La loi contre l'usure est vaine, car il n'y a point d'usurier, quelque maladroit qu'il soit, qui ne puisse l'éluder.

Le prix de l'argent comme métal est variable, le prix de l'argent comme gage et assurance des échanges l'est aussi et relativement au vendeur, et relativement à l'acquéreur.

S'il est indifférent à une nation renfermée en elle-même d'avoir beaucoup ou point d'argent, il ne l'est point à une nation qui commerce avec ses voisins.

Je ne sais si la surabondance de l'argent qui doit faire la main-d'œuvre à un prix exorbitant n'est pas destructive de ses propres manufactures, car les manufactures se soutiennent par le travail. Or comment peut-il se faire que les manufactures d'un pays travaillent également, lorsque je puis obtenir à un prix beaucoup moindre les choses manufacturées dans mon voisinage, soit que la Loi en permette, soit qu'elle en défende l'importation.

Car que produit la deffense ? La contrebande qui dure tant que le péril du contrebandier ne met pas de niveau la marchandise importée avec la marchandise du pays ; jusqu'à présent j'ai vu peu d'avantage aux Loix prohibitives du commerce, pas même sur les matières brutes. Quant aux désavantages, il y en a deux qui sont bien évident. Le contrebandier national est un homme perdu. Les hommes employés à empêcher la contrebande sont autant d'hommes perdus.

634. — L'or et l'argent peuvent être considérés ou comme matières premières, ou comme ouvrages fabriqués.

635. — Les marchandises et les biens meubles sont tantôt l'objet d'une circulation intérieure, tantôt celui du commerce qui se fait avec les pays étrangers.

636. — Et dans ces cas, et surtout dans le dernier, il est important d'examiner si la matière première et la main-d'œuvre à la fois, ou l'un des deux seulement, proviennent de notre Nation.

637. — Les richesses réelles peuvent être prodigieusement multipliées par celles d'opinion.

638. — Ces dernières sont fondées sur le crédit, sur l'idée que l'on sest formée et que l'on a adoptée de l'exactitude et de la solvabilité.

639. — Le crédit peut être celui de la Nation, qui se manifeste dans les banques dans la circulation de certains effets publics accrédités par une bonne administration ; ou celui des particuliers considérés séparément ou comme réunis.

640. — Séparément, ils peuvent devenir par leur bonne conduite et leurs grandes vues les banquiers non seulement de l'État, mais du monde entier.

641. — Ensemble, ils peuvent être en corps, grands et petits ; en compagnies de commerce ; et alors le crédit personnel augmente le crédit de la Nation.

642. — Mais les avantages des richesses naturelles ou acquises, réelles ou d'opinion, ne se bornent pas au moment présent ; ils s'étendent jusque dans l'avenir en préparant les ressources pour l'augmentation des revenus qui forment pareillement une branche de l'Économie de l'État.

643. — Il en est de ces ressources comme du crédit ; un usage raisonnable les multiplient ; l'abus que l'on en fait les détruit.

644. — Il ne convient ni de les méconnoître, ni d'y avoir continuellement recours. Il faut les rechercher, comme si l'on ne pouvoit s'en passer ; et d'un autre côté ne s'en servir que dans une nécessité réelle, et enfin les économiser avec le même soin que s'il étoit désormais impossible de s'en procurer de nouvelles.

645. — Et c'est à cette sage économie que nous conduisent les vrais principes de l'administration.

646. — L'administration générale se subdivise en politique et économique.

647. — L'administration politique embrasse l'universalité de la Nation et des choses. Elle examine l'état, la profession et les occupations de tous les hommes.

648. — L'universalité des choses demande qu'on les connoisse bien chacune en particulier, et toutes ensemble, pour juger des rapports qui se trouvent entre elles et les rendre utiles à la Société.

649. — Les objets de l'administration économique sont les suivants : par rapport aux principes des finances, d'en conserver les sources ; de les rendre, s'il se peut, plus abondantes et d'y puiser sans les tarir ni les dessécher.

650. — Par rapport aux richesses, d'entretenir en bon état les terres et de tâcher de les améliorer.

651. — De maintenir les droits et de faire en sorte que dans la recette rien ne se perde de ce qui doit entrer dans le trésor du Souverain.

652. — Que dans la dépense chaque partie du revenu suive la destination qui lui est affectée.

653. — Que le total de la dépense, s'il est possible, n'excède pas le revenu.

654. — Et que les comptes soient toujours en règle et bien constatés.

655. — On voit par tout ce que je viens de dire sur les finances que la distinction la plus simple et la plus naturelle, que l'assemblage et la liaison des idées les plus communes et les plus générales, conduisent à la véritable définition d'un mot si intéressant pour la Société ; que dans ce chapitre toutes les parties rentrent respectivement les unes dans les autres ; qu'il n'y en a pas une seule qui ne soit dépendante des autres, et que la réunion seule de ces parties peut opérer, consolider et perpétuer la sûreté de l'État, le bonheur des peuples et la gloire du Souverain.

L'original est signé de la propre main de Sa Majesté Impériale ainsi :

CATHERINE.

Saint-Pétersbourg, le 8 *d'avril* 1768.

De l'Imprimerie du Sénat.

ART. 653

Que le total du revenu n'excede pas la dépense, cela est bien aussi essentiel à dire que l'inverse.

CONCLUSION

Je vois dans l'instruction de S. M. Imple un projet d'un code excellent ; mais pas un mot sur le moyen d'assurer la stabilité de ce code. J'y vois le nom de despote abdiqué ; mais la chose conservée, mais. le despotisme appelé monarchie.

Je ne vois aucune disposition projettée pour l'affranchissement du corps de la nation ; or sans affranchissement ou sans liberté, point de propriété ; sans propriété, point d'agriculture ; sans agriculture, nulle force, nulle grandeur, nulle opulence, nulle prospérité.

Mais l'Impératrice a l'âme grande, de la pénétration, des lumières, un génie très étendu ; de la justice, de la bonté, de la patience et de la fermeté ; et pour me servir de ses propres mots, l'arbre qu'elle ne peut renverser à brasse-corps, elle le fait tomber en lui coupant peu à peu les racines ; elle est magnifique sans être dissipatrice ; elle jouit d'une bonne santé; elle a quarante-quatre ans, et elle m'a dit, promis qu'elle vivroit jusqu'à quatre-vingt. Il n'y a rien dont on ne vienne à bout avec le tems et un assemblage aussi rare d'excellentes qualités.

Il est impossible que les maisons d'éducation et autres, si elles subsistent, ne changent la face de son Empire. On alloit voir à Lacédémone la manière dont la jeunesse y étoit élevée ; je ne désespère pas qu'on ne fasse un jour le voyage en Russie pour un même motif, et que Dieu veuille qu'elle finisse promptement et avec gloire sa guerre contre les Turcs. La mort de cent Turcs ne compense pas le sang d'un seul Russe ; et tous les lauriers de la guerre ne dédommageront jamais son empire de la perte d'une année de son Règne.

POITIERS. — IMPRIMERIE MODERNE.

LIBRAIRIE DES SCIENCES POLITIQUES ET SOCIALES

MARCEL RIVIÈRE

31, rue Jacob, et 1, rue Saint-Benoît — PARIS (6e) — Téléphone : Saxe 40-37

DERNIÈRES NOUVEAUTÉS :

J. GOULVEN

Docteur en Droit

Chef de Bureau à la Résidence générale de France au Maroc

Traité d'Économie et de Législation Marocaines

Préface de **Louis Marin**, député

2 vol. in-8 carré, brochés, de 388 et 511 pages. — Prix . . . . 40 fr.

Armand JULIN

Secrétaire Général du Ministère de l'Industrie et du Travail de Belgique

PRINCIPES DE STATISTIQUE

Théorique et Appliquée

Préface de **Lucien March**

Directeur de la Statistique Générale de France

Tome I

STATISTIQUE THÉORIQUE

avec 45 figures et diagrammes

Un vol. in-8 raisin de 712 pages . . . . 35 fr.

Le Tome II (Statistique appliquée) paraîtra en 1922.

Georges SOREL

MATÉRIAUX D'UNE THÉORIE DU PROLÉTARIAT

Deuxième Édition

Suivie d'exégèses proudhonniennes

Un volume in-16 de 456 pages. 9 fr.

Georges SOREL

LES ILLUSIONS DU PROGRÈS

Un vol. in-16 de 392 pages (3e édition. — 1921). — Prix . . . . 9 fr.

René GUÉNON

Introduction Générale à l'Étude des Doctrines Hindoues

Un vol. in-8 broché de 346 pages. — Prix . . . . 12 fr.

Georges GUY-GRAND

LE CONFLIT DES IDÉES DANS LA FRANCE D'AUJOURD'HUI

(Trois Visages de la France)

Un vol. in-18 de 270 pages. — Prix. 6 fr.

Roger PICARD

La Crise économique et la Baisse des salaires

In-8 — Prix . . . . 3 fr.

COMPÈRE-MOREL

LE SOCIALISME AGRAIRE

Un vol. in-8 carré. — Prix. . . . . 9 fr.

IMPRIMERIE MODERNE, NICOLAS, RENAULT ET Cie. — POITIERS.

www.ingramcontent.com/pod-product-compliance
Ingram Content Group UK Ltd.
Pitfield, Milton Keynes, MK11 3LW, UK
UKHW022030170726
13837UKWH00002B/514